なければ創ればいい！

重症児デイからはじめよう！

編著 鈴木由夫 Yoshio Suzuki
一般社団法人
全国重症児者デイサービス・ネットワーク

クリエイツかもがわ
CREATES KAMOGAWA

発刊にあたって

私はこの数年、全国各地で「重症児者の地域生活、なければ創ればいい」というテーマでお話ししてきました。そこでは多くの重症児者のご家族、とりわけお母さんたちとお目にかかることができました。そのお母さんたちの「子育て」のお話を聞くたびに、胸が詰まる思いでした。

保育器の中のわが子との対面、母乳を与えられない悲しみ、重い障害を告げられたときの衝撃、人工呼吸器や胃ろう・導尿などの重い医療的ケアを1人で行う不安。そして毎日の育児と介護は、母親の命を削っての育児といっても過言ではありません。お母さん一人ひとりにそれぞれ1冊の書籍になるほどの悲しみやつらさがあり、ご苦労をされてきています。

でも、多くのお母さんは不思議なほど明るいのです。子どもへの愛とはこんなに深いものなのだ、母親とは本当に強くてすばらしいと思います。障がいのない子なら当たり前にできる多くのことができないことを嘆き悲しむのではなく、どんなに重い障がいがあっても子どものありのままを受け入れています。

あるお母さんのインターネットへの投稿は忘れられません。オムツの写真にこんな言葉が添えられていました。

「初めて自分でおしっこができたんです」

その子はもう小学生です。でも自力でおしっこをしたことがないといいます。生まれてからずっと導尿でした。その子が自分でできた小さなおしっこをうれしく思うお母さん、本当にすばらしいと思います。

そんなお母さんたちの悩みや不安は、1人で行う介護に疲れても重症児者を支援する施設やサービスが少ないこと、そして子どもの将来のことです。

本書では重症児をもつお母さんたちへ、「重症児デイから創る地域生活」を考えてほしいとの想いを込めています。

さて、本書で取り上げている重症児デイサービスは最近、少しずつ都市部を中心に増えてきました。しかし、地方など地域によっては、まだまだ十分ではありません。

また重症児デイサービスの一部や、重症児を預かってもいいという主に知的障がい児を対象にした放課後等デイサービスがあっても、重症児にとって本当に安全で、安心して笑顔で幸せに預けられるところかどうかは、疑問があるところです。また、そこから学校卒業後の行き先（生活介護）やグループホームなどの未来につながるかどうかも、しっかり見極めていかなければなりません。

私は従来から、お母さんたちが子どもの未来を創るためには、母親自ら重症児デイサービスなどを立ち上げるのがいいと思ってきました。

その最大の理由は、母親は子どもの幸せと将来を必ず考えるからです。子どもたちの笑顔があふれ、どんなに重い障がいや医療的ケアがあっても受け入れる、さらに安全・安心を第一に考えられるのは、母親ならではの想いです。

また重症児デイサービスには重症児支援に精通したスタッフが欠かせません。重症児支援のベテランはなかなかいませんが、母親はまさにそのベテランです。重症児支援の経験がないスタッフにとって最初は困難なオムツ交換一つをとっても、母親はわが子以外の重症児のオムツ交換も簡単にこなします。

なかには、看護師をはじめいろいろな資格をもっている人や、事務や経理・運営などに能力の高い人もいます。子どもの介護に追われ仕事をすることをあきらめていたお母さんたちの社会復帰は、少子高齢化で労働力人口の減少が危ぶまれている社会への大きな解決手法の一つでもあります。

もちろん医師や看護師、理学療法士などの訓練担当者、重症児者支援施設で働いていた人などが、重症児デイサービスなどを立ち上げるのも大賛成ですし、お母さんがそのような人といっしょに立ち上げるのもいいと思います。

全国には、お母さんや支援者たちが立ち上げた重症児デイサービスが本当にたくさんあります。そのなかで、本書では5人のお母さんを取り上げました。重い障害をもったわが子を育てる姿と重症児デイサービスを立ち上げていく姿勢には、本書を読んでいただけるみなさまも共感と感動を覚えるはずです。

しかし、彼女たちは特別な人たちではありません。わが子が地域で暮らしていくための社会資源がないから、「なければ創ればいい」と、普通の母親が立ち上がっただけです。

本書で紹介した以外にも、全国で多くの母親が立ち上げたデイサービスが、苦労もしていますが運営もうまくいき、未来の地域生活に向かい一歩一歩確実に近づいています。もちろん、母親以外にも重症児支援の「志」がある人が立ち上げた数多くの重症児デイサービスがすばらしい活動をしていることも事実です。

しかし、近年は営利目的だけやフランチャイズ、コンサルタントなどで重症児デイサービスを行う事業所も増えています。このような事業所が増えることには強い懸念を抱いています。

その最大の理由は、事業を行うために最小限の人員配置で行っているところや、スタッフの育成・教育・研修に十分な時間を取れていないこともあるからです。重症児に対する十分な知識がない状態での運営は事故につながりかねません。そして、重症児の事故は命の危険につながるからです。

そのような営利目的だけの事業所が増えないためには、健全な事業所が立ち上がり、事業所が成長していくことこそ、地域での信頼を深めていく最もよい方法だと思います本書が、どんなに重い障がいがある人でも、全国どこでも、安全・安心な環境のもと、地域で暮らせる社会が実現するために、少しでもお役に立てることを願っています。

末尾になりましたが、重症児者の支援にあたっていただいている全国のみなさま、重症児者デイサービス・ネットワーク加盟事業所のみなさま、そして重症児のご家族のみなさまに、心より敬服と感謝を申し上げます。

また本書の出版にあたり、取材にご協力いただいたみなさま、クリエイツかもがわの田島英二氏、ライターの小國文男氏に深い謝意を申し上げます。

２０２０年１月

一般社団法人全国重症児者デイサービス・ネットワーク

代表理事　鈴木由夫

※本書で呼称する「重症児者」は、重症心身障害児者および医療的ケア児者の総称である。詳しくは１１０頁「１　重症児者とは」を参照されたい。

CONTENTS

Prologue

鈴木由夫と重デイネット

本書Ｐａｒｔ１で紹介する重症児デイサービスを立ち上げた母親たちは、一般社団法人全国重症児者デイサービス・ネットワーク代表理事の鈴木由夫に「ダマされた」と口を揃える。紺野昌代に至っては、講演会で自ら「鈴木由夫被害者の会会長」と大きくスライドに映し出して参加者を驚かせる。

もっとも、まだ〝被害〟にあっていない人に「絶賛被害者募集中です」と呼びかけるから、口とは裏腹に信頼が厚いこともよくわかる。実際、彼女らは鈴木を「じいじ」と呼んで親しんでいる。

鈴木は講演などで、長い自己紹介から話を始める。本書もまず、仕掛け人たる鈴木由夫その人をつまびらかにすることから始めようと思う。

1 鈴木由夫

意外にも、鈴木の〝過去〟について、毛利恒之『地獄の虹―新垣三郎／死刑囚から牧師に』（講談社文庫、２００５年）の「文庫化にあたって―書かしめられて―」に、次のような記述がある。それは

1999年のことだった。

深刻な経済不況のなかで、鈴木由夫さんは、名古屋市で経営していたコンピュータ関連のソフト会社が倒産に追い込まれました。債権者に迷惑をかけまいと、生命保険金で負債を清算することを考え、九九年一月六日、自殺するためにロサンゼルスへ向かいます。

（中略）泊まったベター・リビング・センターで、経営者（シンセイ・ホカマ牧師）の夫人、ミセス・ヒサコ・ホカマから、『地獄の虹』を読んでみませんか、とすすめられました。鈴木さんのなすこともなく沈んだ表情に気づいたミセスの配慮でした。鈴木さんは一気に読んで、涙を流したといいます。

その翌日、ウェストミンスターで洗礼式を終えた新垣牧師が泊まりにきて、鈴木さんは計らずも『地獄の虹』の主人公に出会います。新垣牧師の話を聞いて感動し、神は存在するだろうと感じたものの、自分には神はいないと考え、その夜、服毒しました。（後略）

しかし、幸運にも鈴木は目を覚まし、九死に一生を得た。当時住んでいた沖縄からやって来た新垣三郎牧師（故人）との出会いが「劇的」で、振り返るとこの体験が「人生の転機だった」と、鈴木は話している。どのようにしてここに至ったのか――。

鈴木は愛知県出身。大学は「追放された」と公言する。その後、広告代理店などを経て30代半ばにコンサルタント業として独立。さらに、仕事で信用を得てマーケティングのベンチャー企業を設立した。

その頃が「得意の絶頂期」だったという。

仕事をより効率的に進めるために、分析システムの開発も始めた。既成のものを使えなければつくればいい、と考えたのだという。だが、費用や時間などを深く検討せずに走り始め、しかも本業よりも没入したため、これが後の多額の負債の原因になっていった。

大きな会社が顧客の仕事で、ストレスも大きかったという。いつも胃潰瘍に悩まされ、そこから逃げるように〝豪遊〟もしたそうだ。

そうしたなかで次第に会社は信用を失い始めた。スタッフも1人また1人と辞めていった。銀行からの借入金が増え、資金繰りに行き詰まる。最後に起死回生をねらった事業も失敗した。万事休す――。

こうして鈴木は、ロサンゼルスへの〝最後の旅〟に出発する。47歳だった。旅の直接の目的は果たせなかったが、不思議と心は平安だったそうだ。そして帰国後、会社は倒産、自身は自己破産した。負債は3億2000万円だったという。

その後の2000年9月11～12日、名古屋市とその周辺を中心とする東海地方を豪雨が襲った。後に都市型水害の走りといわれた東海豪雨だ。たまたま鈴木が移り住んでいた町は、堤防が決壊してほぼ全域が浸水した。鈴木宅はマンションの6階だったため家屋被害は免れたが、車検を受けて1週間だったという車は水没した。

講演する鈴木由夫代表理事

数日して水が引くと、災害ボランティアセンターが立ち上がった。鈴木はそこに参加した。当時は無職で妻が家計を支えていた。自己破産の負い目もあって「何か人の役に立ちたい」と思っていたそうだ。輸送班としてあちこちに救援物資などを運んだ。泥のかき出し作業などにも従事した。

そのボランティアセンターは1か月ほどで解散になったが、１００人ほどで自主的にボランティアグループをつくり、その後も2年半ほど活動を続けていたという。

そのボランティア活動にも区切りがついた頃、いつまでも無職でいるわけにはいかないからまた働こうと考え始めた鈴木に、誘いの声がかかった。

「鈴木さん、仕事するなら、うちを手伝ってよ」

重症心身障害者の施設経営者だった。これが、それまで障害児者とは無縁だった鈴木が重症心身障害児者の世界に関わるきっかけになった。53歳の頃のことだ。

働き始めた当初、オムツ交換や掃除などの仕事をしながら、実は嫌だったと打ち明ける。

「マーケティングのようなストレスはないし、頭のなかではこんないい仕事はないとわかっていたのですが、潜在心理で嫌だと思っていたのですね。身体が反応して、通勤の乗換駅で、いつも下痢でトイレに駆け込んでいました」

あるとき、入院した利用者の付き添いを応援したことがあった。20歳過ぎの利用者が肺炎で高熱を出して苦しんでいた。まだ若いのに亡くなるかもしれないと思うと、見ているだけでつらかったという。ところが翌朝、奇跡的に熱が下がった。そして、その利用者が鈴木を見て笑ったという。

「本当にすごくいい笑顔。それを見た瞬間に、天地がひっくり返ったんですよ。それまで嫌で嫌で仕方なかったのに、この子たちといっしょにいるのが楽しくなったのです」

それは鈴木にとって、忘れられないスペシャルな体験になった。

また、この施設の利用者は成年層が多く保護者の年齢も高かったから、母親らが亡くなることもあった。そのため母親を亡くした利用者をショートステイで毎晩預かっていた。それらを体験しながら鈴木は、重症心身障害児者が地域で暮らすには日中の支援だけでは足りないと気づき、母亡き後の地域生活をどうしていくべきかを考えるようになっていったという。

入社当時、施設の経営はかなり苦しい状況だった。鈴木はそこに2年半ほど勤め、その大部分を管理者・理事として経営を再生させていった。

「障害のことはわからないのですが、経営は得意なわけですよ。だから、普通の会社がやっていることを当たり前にやったのです」

利用者数は3倍に、年間収入は5倍になったという。もっとも経営がうまくいき始めると経営者との間で考えの違いも生じ、結局そこは辞めることになった。

その後は数年間、いくつかのアルバイトに従事したり、いろいろなところに行って研修したりしていたという。

2 ふれ愛名古屋

2009年のことだった。鈴木はその頃、アルバイトで障害児の学校送迎に携わっていた。そのなかで知り合った2人の母親から相談を受けた。いずれも重症心身障害児がいて、それぞれ周囲に相談していたようだった。

2人とも小学生の母親だった。1人の子どもは寝たきりだった。母親はデイサービスを探していた。子育てのために資格を取ろうと考え、その学校に通うためだった。ところが当時、知的障害児を対象にしたデイサービスはあっても、重症心身障害児が利用できるところはなかった。あるとき「預かってもよい」というデイサービスが見つかり、見学に行った。すると、わが子が寝ている上をピョンと飛び越えて元気に走り回る子がいた。これでは危ない。だから預けられるところがなくて困っている、という相談だった。

もう1人の母親には、24時間断続的にけいれん発作が続く最重度の子どもがいて、大学病院に入院していた。弛緩剤などが効かないという。ようやく落ち着いて退院はしたが、子育てに不安を感じた母親は行政に相談した。すると「居宅介護事業者一覧」をわたされた。母親は住んでいる区の事業者にすべて電話して問い合わせたが、どこでも「そんな重い子はうちでは支援できません」と断られた。それで途方に暮れている、という相談だった。この母親が、現在の社会福祉法人ふれ愛名古屋副理事長の淺井麻哉である。

鈴木は次のようにいった。かつての虫が騒いだのかもしれない。

社会福祉法人ふれ愛名古屋法人本部の前で

「なければ創ればいい。母亡き後の地域生活を創りましょう。10年後には、この子らが地域で一人暮らしできるようにしましょう」

このとき鈴木は、重症児者の地域生活のビジョンも大雑把に示して見せた（詳細は130頁図表6参照）。浅井らは「この人、何いってんだろう」と思ったそうだ。いまでは笑い話になっている。

こうして鈴木とこの2人の母親が中心となり翌2010年4月、NPO法人「ふれ愛名古屋」を設立した。理事長は鈴木が引き受けたが、対外的には母親らがつくるデイサービスであることを強調した。同時にビルの3階を借りて、重症児者の居宅介護と移動支援の事業所「haru」を開設した。

同年8月には同じ場所で、知的障害児などを対象としたほかのデイサービスとは異なり、主として重症児を対象にした児童デイサービス「natsu」を開始した。

まだ重症児デイサービスがなかった当時、定員は10人だった。それでも子どもの命を守るためにスタッフは最初からマンツーマン配置を方針とし、送迎も行った。スタート時は利用児2人にスタッフ3人だった。近くの特別支援学校には150人以上の重症児が在籍し、需要は大きかった。だから利用児はすぐに増えたが、デイサービスの広さとスタッフの体制から6～7人を支援するのが精いっぱいだった。

当初は経営が苦しかった。そもそも給付費に重症児は想定されず、マンツーマンに対応できる報酬単価ではなかったからだ。それでもケアの質は落とさなかった。

「倒産の経験があるから、二度とそんな思いをしたくないと思って、お金に対してはすごくシビアでした。たとえば各種備品を揃えるときも、インターネットで検索するなどしていろいろな民間助成金を申請しました。中古で当時100～150円で買った椅子もいまだにあります。そういう努力をして、最初の年から収支はトントンにしていました」

と鈴木は話す。送迎車も最初は中古車で始めた。後に、福祉財団やテレビのチャリティ番組からの寄贈を受けられるようになっていった。そうした民間助成は可能な限り活用した。

2年目に、鈴木らは中高生も利用できる2か所目のデイサービスの準備を始めた。当時の名古屋市の規定で、児童デイサービスを利用できるのは小学生だけだった。中高生が利用できる施設は各区に1つだけで、まったく足りなかったのだ。採算の見通しは立たなかったが、困っている親子を見過ごすことはできなかった。

そんな頃、鈴木は厚生労働省のホームページの情報に目を止めた。そこには、児童福祉法の改正により2012年4月から障害児支援が強化され、「重複障害に対応するとともに、身近な地域で支援を受けられるよう」にするとして、その施策が記されていた。

すなわち、当時の障害者自立支援法にもとづく児童デイサービスと児童福祉法にもとづく障害児の通園事業などが、児童福祉法にもとづく児童発達支援や放課後等デイサービスなどに一元化されること、この放課後等デイサービスは中高生の利用も可能なこと、「主たる対象とする障害を重症心身障害とする」デイサービス等への言及があり、その場合は「5人以上」の定員も認められることなど、重症児の地域生活に道を開く内容だった。

要するに、主たる対象を重症心身障害児とする放課後等デイサービスと児童発達支援事業が創設され、NPO法人「ふれ愛名古屋」がそれまで実施していた重症児対象のデイサービスが制度化されるということだ。鈴木はこれに切り換えるべく、行政に問い合わせた。しかし、何度聞いても「あれは旧来からの事業所が対象で、お宅のような新規の事業所には認められない」という旨の回答だった。

そうこうしているうちに重症児に対応する報酬単価が発表され、鈴木は驚いた。従来に倍する単価だったからだ。鈴木は厚生労働省に直接問い合わせた。すると――。

「新規でもできますよ」

それを受けて、行政も認めるに至った。

こうして2012年4月、中高生も利用できる重症児デイサービス「ｈｏｓｈｉ」を開所した。通常のデイサービスに比べて看護師など人員配置基準が厳しくなったが、同時に「ｎａｔｓｕ」もこれに対応した。「中日新聞」（2012年4月4日付）は「（名古屋）市によると、厳しくなった基準を満たすのは、市内で『ｈｏｓｈｉ』と『ｎａｔｓｕ』だけという」と報じた。

それまで爪に火を灯すような努力をして赤字にならないよう収支を維持してきたのだから、報酬単価の倍増で経営は一気に好転した。これにより経営が安定し、鈴木が最初に描いた重症児者の地域生活をめざして順次、事業所を拡大していった。

2017年4月には社会福祉法人「ふれ愛名古屋」に組織変更し、鈴木はその理事長に就任した。また、その後鈴木が支援して設立したNPO法人「いきもの語り」と、同様に鈴木が支援しNPO法人「ふれ愛名古屋」を引き継いで改称したNPO法人「まいゆめ」も、鈴木が代表者を兼ねている。

現在はこの3法人で、名古屋、みよし、豊田各市内の計8か所に、重症児デイサービスを9事業所、生活介護を4事業所、そして重症児者対象の居宅介護、移動支援、医療型ショートステイ、また、重症児対象の診療所（必要に応じて訪問看護も可能）などの事業所を運営している。これらの利用者児者は合わせて250人以上にのぼり、支援するスタッフも200人近くになっている。

3 全国重症児者デイサービス・ネットワーク

NPO法人「ふれ愛名古屋」の重症児デイサービスが新聞などで報じられると、問い合わせや見学が相次ぐようになった。とりわけ2013年の夏に「中日新聞」と「東京新聞」で同じ紹介記事が掲載されると、相談も急増した。鈴木は依頼に応じて全国各地を講演して回るようになっていった。

子どもの預け先がなくて困っているという母親らの相談をはじめ、重症児の親の会などをつくってサークル的な活動を続けてきたが行き詰まってきた、などの相談がよくあった。

鈴木はいつも次のようにアドバイスした。

「なければ創ればいい。重症児デイから始めて、この子たちの地域生活をつくりましょう」

アドバイスだけでなく、鈴木はボランティアでデイサービスなどの開設支援も行った。経営や運営のノウハウも提供した。それにより、各地に重症児デイサービスなどが増えていった。

こうして鈴木が支援した事業所のほか、全国的にも重症児デイサービスが増えてきたことから2014年11月、鈴木の呼びかけで一般社団法人全国重症児者デイサービス・ネットワークが設立された。

同ネットワークは「どんな重い障害があっても、どんな医療的ケアが必要でも、全国どこでも、子供たちと家族が笑顔で暮らしていくために」「助け合い、支え合い、つながり合う」ことを理念に掲げた。

設立総会に集まったのは35事業所だったが、5年後の2019年12月末には300事業所以上のネットワークになった。現在は全国を東日本、関東、中部、関西、中四国、九州沖縄の6ブロックに分けて運営している。

主な活動は、重症児者デイサービスの新規開設支援、開設後の運営・経営相談、事業所間の交流などである。最大の特徴は、1事業所あたり1万円の年会費のほかは各種助成金を活用して運営し、個々の相談や支援はボランティアで行っているところにある。

同時にそれゆえ、営利目的だけで行う事業者（たとえば「フランチャイズ」「コンサルティング」などの事業活動による金銭等の対価を得ている場合など）の相談には応じないことにしている。こうした事業者は入会も認めず、入会後に発覚すれば除名する場合がある。

新規開設支援では、立ち上げに向けた講演会の開催支援をはじめ、NPO法人などの設立や事業所開設、事業申請、資金調達、人材確保の相談などに応じている。

開設後は、事業運営や経営の相談、情報提供に応じ、スタッフ教育・研修、勉強会などの機会を提供している。2018年度からはスタッフのスキルアップのための全国研修も始めた。2019年度は全国21か所を会場に、それぞれ専門家による研修を実施している。

こうした研修の機会のほか、毎年1回開く全国大会でも交流の輪が広がる。また、ブロック会議や個別事業所間でも交流を進め、都道府県支部も結成されてきた。

2016年には「なければ創ればいい～重症児デイサービスの現状と家族支援～」と題した地域生活白書を三菱UFJリサーチ＆コンサルティングの支援で発行した。これは全国に大きな反響を呼び、相談や講演依頼もますます増えた。

また2017年2月、各地の重症児をめぐる実態を知る目的で開催したシンポジウムには、それぞれ重症児をもつ宮本佳江（北海道）、紺野昌代（茨城）、山崎理恵（高知）、和田朋子（鹿児島）の4人の母親たちがシンポジストとして壇上に並び、濃くて壮絶な体験を聞いた参加者に涙と感動を呼び起こした。

母親らはこのとき、重症児デイサービスを運営あるいは準備中だった。これを契機に、各地で母親らが自ら重症児デイサービスを始める動きがさらに広がった。

近年は、報酬改定意見陳述団体として厚生労働省の検討会で意見を述べたり、超党派の国会議員らでつくる医療的ケア児の勉強会で意見を求められたりするなど、国の重症児政策でも注目される存在になってきている。

鈴木はいまも、重症児者の地域生活をめざして

シンポジウムで壇上に並ぶ母親ら
（2017年2月／（一社）全国重症児者デイサービス・ネットワーク提供）

「なければ創ればいい」と提唱しながら、全国各地を飛び回っている。

〈参考〉
・毛利恒之『地獄の虹―新垣三郎/死刑囚から牧師に』講談社文庫、2005年
・鈴木由夫「学生運動で退学処分―学生援護会入―コンサルタント業へ」「イーグレープ」(http://www.bmp.jp/suzuki/01.htm)
・「中日新聞」2010年8月5日付、同2012年4月4日付、同2013年8月28日付
・厚生労働省社会・援護局障害保健福祉部障害福祉課「児童福祉法の一部改正の概要について」2012年1月13日

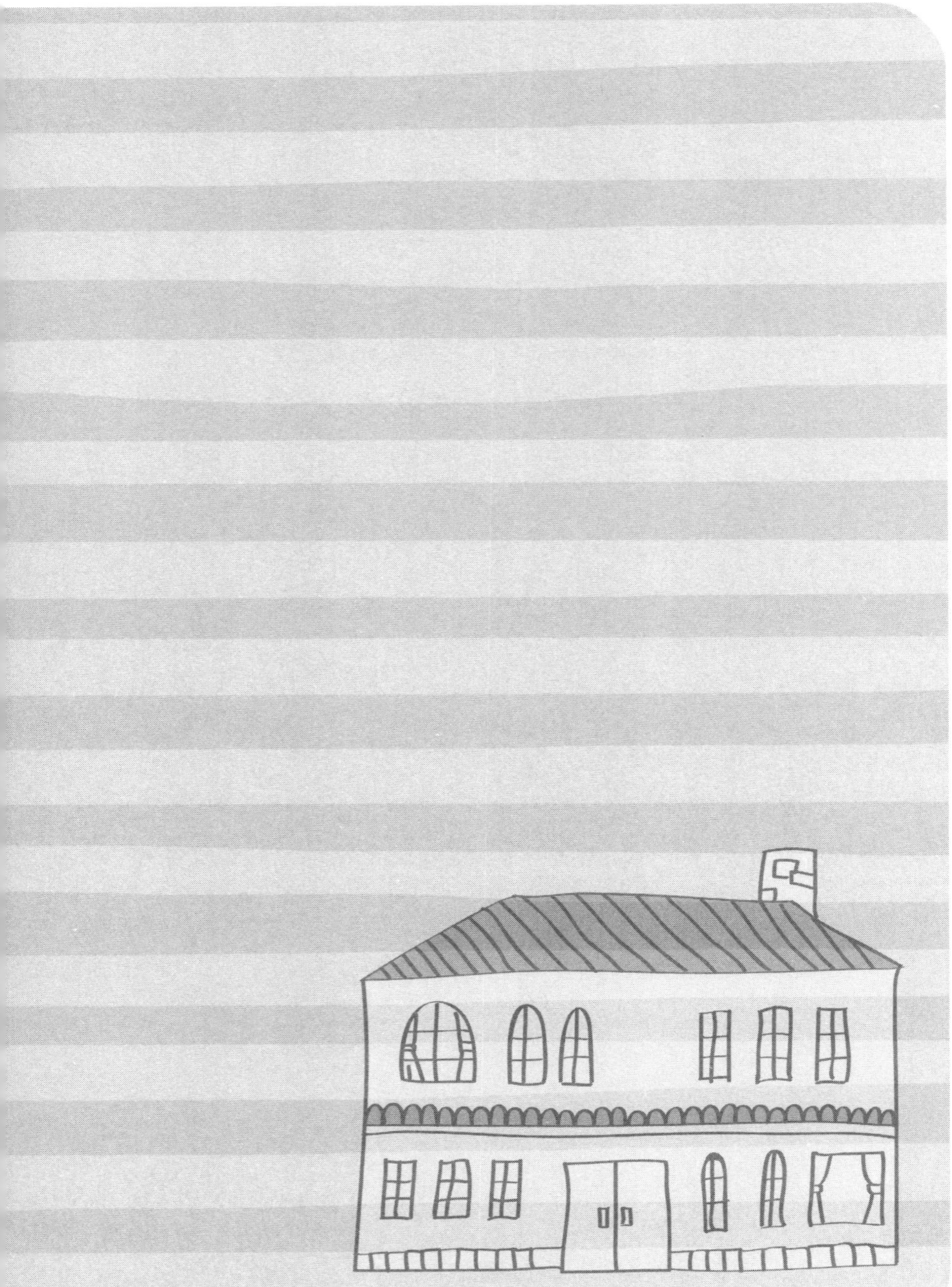

PART 1

「なければ創ればいい」
——重症児デイを創った母親たち

CHAP 1

重症児2人。子どもと母、スタッフの笑顔の輪をつなぐ

NPO法人ソルウェイズ・宮本佳江（北海道札幌市）

宮本佳江には愛夕《みゆ》と実來《みく》の2人の娘がいる。いずれも重症心身障害児で、同じVici《ビシ》症候群と呼ばれるきわめてまれな進行性の難病である。症例が少なく、寿命も1~2歳といわれるが、姉妹はそれぞれ11歳と6歳になっている。2人とも痰の吸引は多いときに10分に1回、てんかん発作もひっきりなしで、片時も目が離せない。

宮本は2017年1月にNPO法人「ソルウェイズ」を設立し、同年4月に重症児デイサービス「ソルキッズ」を開設して、重症児を主な対象にした児

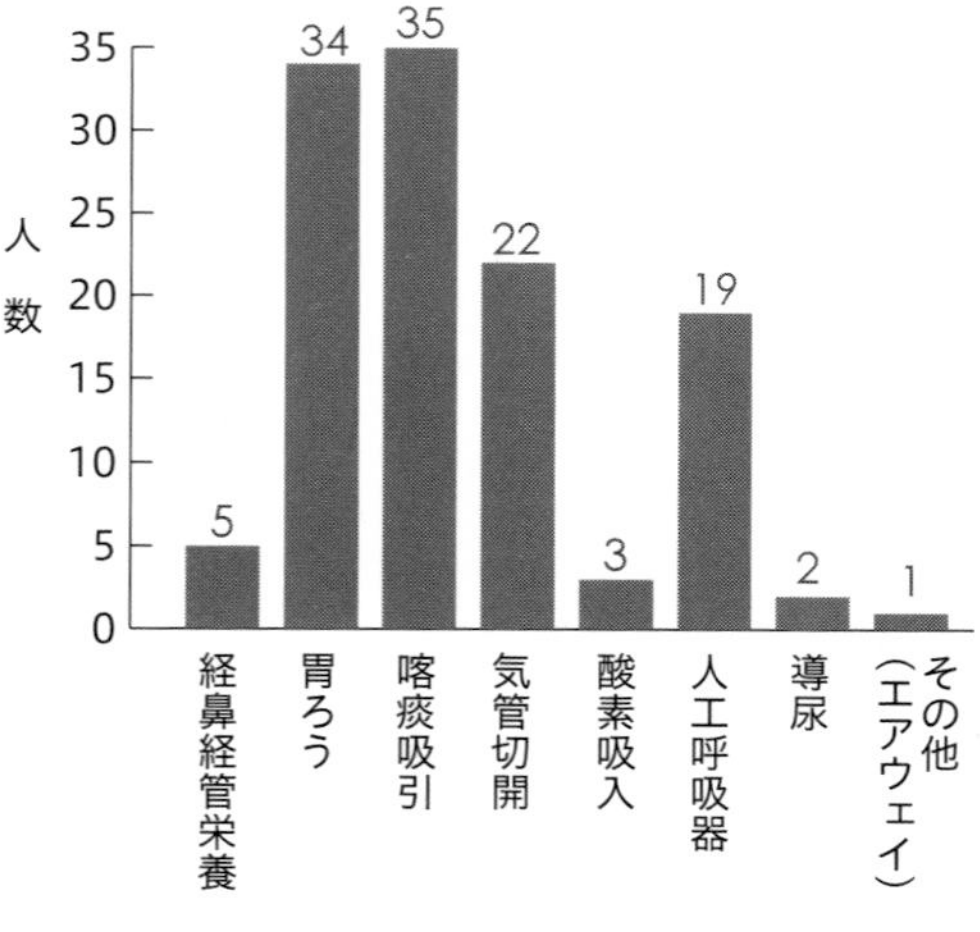

「ソルキッズ」「モアナ」利用者の医療的ケアの状況（1人で複数あり）

童発達支援と放課後等デイサービスの各事業を始めた。さらに２０１９年８月には、18歳以降も利用可能な生活介護と放課後等デイサービスを提供する多機能型重症児者デイサービス「モアナ」を開設した。

両事業所の１日の利用定員は、「ソルキッズ」が児童発達支援と放課後等デイサービスそれぞれ５人の計10人、「モアナ」は全体で５人である。利用契約は「ソルキッズ」35人、「モアナ」18人の計53人（重複登録あり）で、これを年齢階層別に見ると高校生１人、中学生４人、小学生34人、未就学児14人である。また41人に医療的ケアが必要である。これらを両事業所合わせて41人のスタッフが支えている（２０１９年11月現在）。

宮本は薬剤師である。大学院では免疫を専攻していた。札幌市内の調剤薬局で働き、患者と顔が見える関係の「地域の薬剤師」になるのが夢だった。

宮本佳江。「ソルキッズ」の前で

現在は代表理事として法人運営が主になり、薬剤師の仕事からは離れている。けれども宮本は夢をあきらめたわけではない。むしろ、改めてその先に置いた。

「だって、自分の子どもたちが地域生活を安心してできるようにならないと、薬剤師の仕事に戻れないんですから」

この道に踏み込んだ直接のきっかけはやはり、

鈴木由夫代表理事の「なければ創ればいい」という言葉だった。宮本がその言葉に突き動かされ、いまもその先頭に立っているのは、結局はその道こそが子どもたちの未来とともに自らの未来をも開く確かな道だと思えてきたからだろう。

その宮本の挑戦を追った。

1 愛夕――手探りの子育て

宮本に第1子の愛夕が生まれたのは2008年の秋だった。妊娠8か月まで働いていたが、妊娠中も出産時も異常はなく、3214グラムとやや大きな赤ちゃんだった。保育器には2日入ったものの、産院も予定通りに退院した。女の子らしくかわいい顔で、おっぱいも母親の乳首から直接飲み、体重も順調に増えた。1か月検診では驚異的に体重も増えていたし、異常を指摘されることはなかった。

しかしその後、愛夕はなかなか首がすわらなかった。実は11歳の現在も首はすわっていない。3か月頃から宮本も「なんとなくおかしい」と不安になり始めた。あやしてもあまり笑わず、ガラガラも持てなかったという。

乳幼児検診で精密検査が必要となり、その紹介により受診した大学病院での検査で脳の形成異常がわかった。6か月頃だった。愛夕には右脳と左脳を結ぶ脳梁《のうりょう》がなく、人間の生命維持に重要な脳幹《のうかん》も細かった。脳室も拡大し、いわゆる〝脳のシワ〟がない部分もある、などの説明を受けた。てんかん発作が出現するだろうとも指摘された。生まれたときは金髪だったが、それもこれらによる色素異常の影響だった。しかし病名は不明で、さらなる精密検査のために入院した。

その後いくつか「疑」のつく未確定の病名がつくことになる。当時は最も有力とされた病名がついて退院した。

初めて大学病院を受診し障害があるとわかった日、帰宅して愛夕が初めて笑ったことを、宮本は忘れられないという。

「障害とわかったからといって、この子が生まれなきゃよかったなんて全然思えませんでした。そのときにケラケラッて笑った愛夕が『私、生まれてきてよかったよ』といってくれたような気がして、すごくうれしくて……」

宮本にとってはそのときから、障害児の子育てが「ある日突然」始まった。育児は手探りだったが、産休に続いて育休期間中だったことが、まだ救いだった。

愛夕は、おっぱいを飲むときに喉元をゴロゴロいわせるようになっていた。飲むのにも1～2時間かかった。一方で身体は普通に成長し、次第に自分の成長を満たすだけのおっぱいを飲めなくなっていった。離

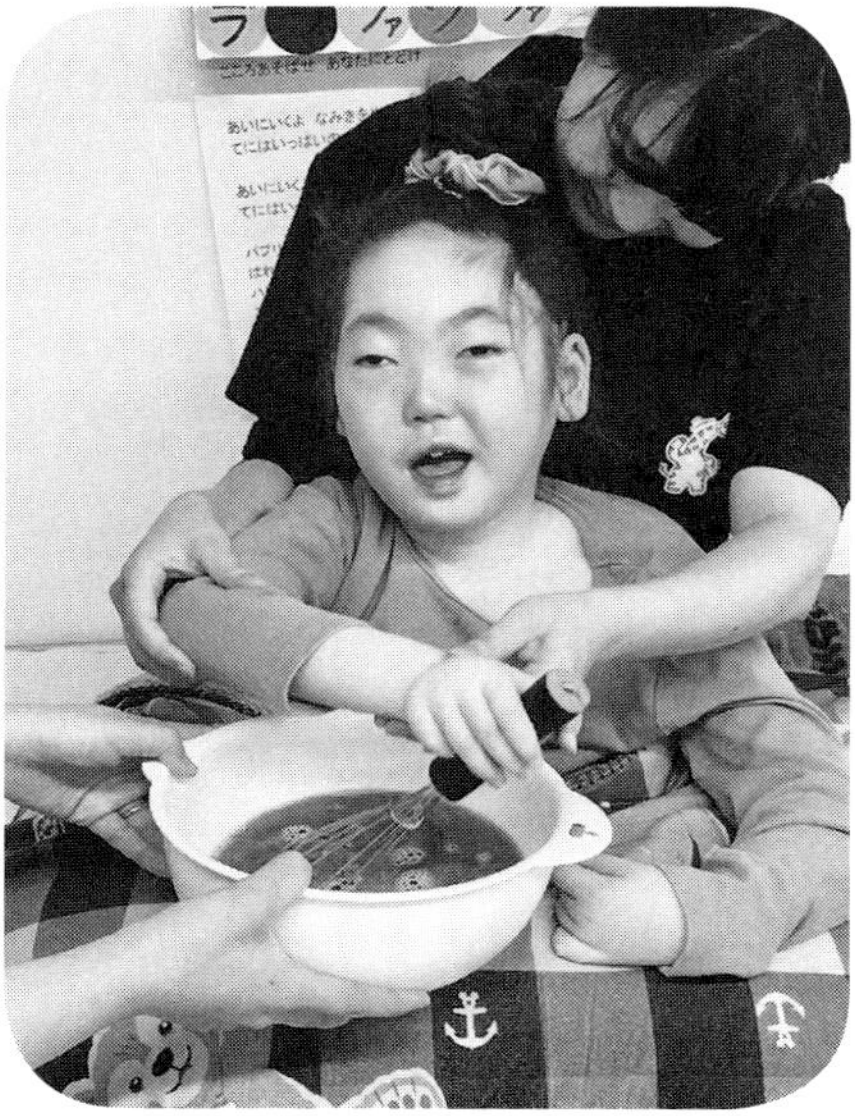

愛夕（手前）。「ソルキッズ」で
（ソルキッズ提供）

乳食の時期になってくると当然ながら歯も生えてきた。首も長くなってきたが、そのことで飲み込みがさらに悪くなるという問題も生じてきた。

この時期、宮本は訪問リハビリを利用したほか、札幌市内の通園施設にも通っていた。けれども8か月の頃、ある病院に親子入院したときはショックを受けた。

「『帰れ』っていわれたんですよ。1か月の訓練に来たのに『この子は2歳くらいまでの寿命で死ぬ子だから、やっても仕方ない』って……」

愛夕は1歳頃からてんかん発作が始まった。1歳半頃には、いよいよミルクが飲めなくなり、吐くようにもなった。1〜2時間かけて経鼻チューブで注入しても、やはり吐いた。

宮本はこの頃「普通とは違う育児に限界を感じていた」という。延長した育休も終わる頃だった。復職すべく保育園も探したが、相談に行った区の担当者には「お母さん、まさか働くの？　障害のある子どもがいるのに」といわれた。結局、退職を選ばざるを得なくなった。

「もう自分では育てられない、いっしょに死にたい、とも思っていました。『なんで寝ないんだ』とイライラして叩いてしまったり……。時間をかけて注入したものも吐いてしまう。育児と介護で心身ともに疲弊し切っていました。それで胃ろうの手術をすることにしました。愛夕のことを嫌いになりたくなかったし、自分がストレスなく育てるのも大事なことだと思ったからです」

胃ろうの手術は成功した。その入院中に初めて心拍などのモニターを24時間つけたが、愛夕が寝るとそれが鳴った。96％以上が正常とされるSpO_2（血中酸素飽和度）が50％など、異常に低かった。愛夕の唇は真っ青だった。医師たちがあわてて病室に入って処置をした。

原因は細い脳幹だった。寝たときに脳の機能が全部休んでしまい、呼吸もしないし体温も低下するのだという。放置すればそのまま死に至る。だから、病院で出現したのは幸いだった。

宮本はそのとき、ある医師から「呼吸が悪いときはこの先生を頼るといい」と紹介されていたのを思い出し、病院から連絡してもらった。その医師はすぐにやって来た。おかげで愛夕は、NIV呼吸療法と呼ばれる鼻マスク方式の人工呼吸器を夜間に利用できることになった。いまも鼻マスクを続けていて、気管切開はしていない。

2歳になると、愛夕は感染症でほとんど毎月入院していた。すでに痰の吸引も頻回だった。2歳半頃、「ちょっと気を緩めていたら」肺炎が悪化した。あわてて病院に行ったが、大きなけいれん発作を起こして呼吸が止まってしまった。ICUで何とか乗り越えたものの、そこから出てきたときはもはや「別人」だったという。脳にダメージがあったようだ。

愛夕は呼びかけにも反応しなくなった。目だけを見開き、上を向いて、身体をガタガタ震わせていた。舌を噛んで、口のなかで血の泡を吹いたこともあった。てんかん発作のコントロールもできなくなって、さらに3か月入院することになった。

愛夕につらい思いをさせた、それさえなければもっと反応がよかったと思うと、宮本は自分が気を緩めたことを悔やんでも悔やみ切れなかった。同時に、感染症がいつもひどく悪化するのが疑問だった。だからそれから1年ほどは、愛夕が感染症に感染しないよう、外出を控えて自宅に閉じこもる生活をしていたという。

2 実來――先手の対策

宮本の第2子・実來は2013年の秋に大学病院で生まれた。3305グラムだった。

妊娠中は「次の子も同じ障害があったらどうしようという不安はかなり大きかった」という。当時の病名では遺伝性はないと聞いていた。出生前検査でも脳梁は「異常なし」だった。

ところが、実來が生まれた翌日に「脳梁がありません」と告げられた。愛夕は金髪で、実來は毛先だけが茶髪など程度の差はあっても、基本的に愛夕と同じだという。つまり遺伝で、当時の病名の間違いを意味していた。

「大学病院からは、病名も出生前検査も間違えて『大変なご迷惑をおかけしました』といわれました。でも検査で異常がわかったとしても、絶対に産んだと思います。どうしても2人目がほしくて、障害があっても元気に生まれてほしかった。実來はかわいくて、よくぞ生まれてきたと思っていました」

大学病院からは実來を「NICU（新生児集中治療室）で預かりたい」といわれたが、宮本は自宅に連れて帰った。愛夕と同じならすぐには悪くならないと予想できたし、5年間育ててきて自信もあった。また、愛夕の人工呼吸器を担当した医師がその後小児在宅医療を始め、その訪問診療を利用していたから、何かあればそこが頼りになる。それに、愛夕も定期的に大学病院を受診しているからその際に相談もできる、などが見込めたからだ。

そして、遺伝性とわかったことから、宮本は家族全員の遺伝情報の解析を依頼した。その一方、独自にも調べてみた。注目したのは2～3歳頃の愛夕の感染症の悪化だった。

「入院するのは副鼻腔炎の急性増悪のせいだったのです。そして中耳炎や副鼻腔炎をくり返す人は免疫が弱いこともある。だから私は2人の特徴として脳梁欠損と色素異常、そして免疫不全の3つだと思っていました。それをキーワードに検索すると『Ｖｉｃｉ』と出てきます。1～2歳の短命などとありました。過去にその病名がついた人のブログなどの内容も、確かに愛夕と似ていました。だから、もしかしたらと……」

3か月ほどで解析結果がわかり、病名も「Ｖｉｃｉ症候群」と確定して、この不安は的中した。夫婦ともに遺伝子異常の保因者だった。常染色体劣性遺伝と呼ばれ、4分の1の確率で発症するという。2人ともだから16分の1にあたる。しかし宮本は「すべてが納得いった」そうだ。

「症状の特徴がぴったりと当てはまっていました。愛夕についていた疑いの病名ではなんだかしっくりこなくて……。唯一違うのが拡張型心筋症を発症していないこと。結局、感染症をくり返して亡くなるか、拡張型心筋症を発症して亡くなるかのどちらかで、これらを発症しやすい1～2歳が寿命になるようです。思い返せば、愛

実來（右）。「ソルキッズ」で

夕は2歳のときが山だったのではないかといわれています」

実來は基本的に愛夕と同じ成長発達や病状の経過をたどっているという。だから先回りして手も打てる。1歳半頃には実來も胃ろうを造設した。

その後、実來は偽膜性大腸炎を発症した。腸の悪玉菌の仕業だ。愛夕も発症してこずった経験から、宮本には便の特徴的なにおいでわかったという。ところが検査では菌が検出されなかった。その後大量の血便が出て高熱を発したときにやっと検出され、入院した。すでに重症だった。

しかし、なかなか治療効果が出なかった。宮本は危機感を抱いた。同様の状況で亡くなった報告もあった。もしかしたらここで実來も死ぬかもしれない、と思ったという。

宮本は文献を調べ、免疫の専門医に尋ね、製薬会社にも聞くなど必死に治療法を探った。それらは主治医にも伝え、文献も提供した。たどり着いたのは「免疫グロブリン療法」と呼ばれる免疫補充療法だった。てんかん発作の治療にもなるため、主治医が受け入れを決断した。これが効いた。偽膜性大腸炎が治ったばかりか、感染症にも頻繁には感染しなくなった。免疫不全に注目した対策が奏功した形だ。現在もこの療法は姉妹ともに続けている。

「でもきっと、〝うるさい親〟だと思われていたと思います」

と宮本は苦笑する。こうしたことができたのも、それが受け入れられたのも、宮本が薬剤師でしかも免疫を専攻していたこと、そして何よりも母であったからにほかならない。

③ バギーマーク＊――広がるつながり

話は少し戻る。愛夕が8か月頃にリハビリに行った病院で「この子は1歳で死ぬ」といわれたことから、せめて1歳の誕生日を楽しく過ごそうと、一家は空路ディズニーランドに出かけている。そのディズニーランドで入園早々、キャストと呼ばれるスタッフにごく自然に声をかけられた。

「私たちにお手伝いできることがございますから、こちらに来てください」

そこでベビーカーにグリーンのタグをつけてもらった。それにはベビーカーと車いすがイコールで結ばれたシンボルイラストが描かれていた。〝これは単なるベビーカーではなくて車いすです〟というアピールだ。宮本は「なるほど、こういうものがあればいい」と思ったそうだ。

実際、障害がある子どもが小さいうちはベビーカーやバギーを車いす代わりに使うことはよくある。また子ども用車いすも、お気に入りの布地などでサイドや日除けをカスタマイズすると、医療的ケアの機器を積んでいても、一見して車いすとはわかりにくいことが少なくない。

するとエレベーターなどで露骨に迷惑顔をされたり、身障者用駐車スペースで「身体障害者ですか?」といわれたり、誤解されることがしばしばだった。そうなると外出意欲の萎縮につながりかねない。けれどもこうしたマークがあれば、外出する意欲も高まるのではないかと考えたのだ。

もちろん一般的な車いすマーク（正式名称は「障害者のための国際シンボルマーク」）をつけている人もいた。けれども宮本は、せっかくならもっと子どもらしさやかわいさがほしいと思っていた。

宮本がそんな思いを、バギーを扱う福祉用具販売の人に話したのはたまたまだった。数年後の2012年、愛夕が3歳から4歳になる頃のことだ。偶然にもその人の姉がデザイナーで、マークをデザインしてもらえることになった。さらに偶然、その店の顧客に、同様に小児在宅医療を利用している子どもの母親で、ハンドメイドが得意な人がいた。その人の手で、子どもたちのバギーや車いすにマッチするバギーマークができ上がった。

次いで、それをインターネットで売り始めた。宮本はそのためにブログも始めた。それらをきっかけに、同じように在宅で重症児を育てる母親たちとのつながりが広がっていった。

その頃、宮本は休日や夫の仕事が早く終わる日の夜にパート仕事を始めていた。仕事ができないのを愛夕のせいにしたくなかったという。幸い、土日祝日も営業している薬局が人材を求めていた。おかげで家族以外の人と話ができ、娘たちのことも聞いてもらえた。スタッフを大事にするその会社の運営に触れたことは、いまのデイサービス運営に生きるいい経験だったという。

バギーマークが広がっていくと、「通院の電車に乗るのにスロープを出してもらえた」「周りの人に『お手伝いしましょうか』といってもらえた」など、さまざまな反響も聞こえてきた。2013年になると、バギーマークでつながった宮本ら母親たちのグループは、イベントでのバザー出店なども始めた。それらはいまも続けている。

＊バギーマークは、宮本らがつくった同マークの店Mon mignon pêche（マムミニョンペッシュ）の登録商標。

4 ソルウェイズ――期せずして

2013年に実來が生まれた頃、訪問診療を運営している医療機関が新たに、医療が必要な未就学児を対象にした日中の短期入所事業を始めた。さっそく愛夕がそこに通い始めた。待望の施設で、母子分離で利用するのは初めてだった。実來も10か月頃から利用を始めた。おかげで時間に余裕ができた宮本は、パート先を増やして平日も働けるようになった。

思えば愛夕の保育園を探したときは、障害があれば母親がすべての面倒をみるのが当たり前といわんばかりの役所の対応に驚いた。在宅で利用できる制度を求めていたのに、入所施設のリストだけが送られて来たこともあった。それは実來が生まれても変わりがなく、宮本は愕然としたという。それだけに、この日中短期入所事業所は貴重な存在だった。

2015年に愛夕が養護学校に入学した。ただ、札幌市では「自力で移動できない肢体不自由と肢体不自由以外の重度の障害が重複している児童又は生徒」を対象にした養護学校への入学に、保護者の常時付き添いが求められるため、宮本は平日のパートを辞めざるを得なかった。またこの入学を機に、愛夕は日中短期入所事業所を卒園になった。実來は引き続き利用できたが、愛夕は放課後の行き場を失った。

一方この頃からの数年は、マスコミ報道などによるバギーマークへの注目度アップが、宮本らにもヒシヒシと感じられる時期だった。まず朝日新聞で紹介され、札幌市が発行する地下鉄用の啓発リーフレットにも掲載された。さらに北海道新聞やNHKなど複数のマスコミで紹介されたほか、北海道議会などでも取り上げられていた。

2016年には、NPO法人「iCareほっかいどう」が重症心身障害児を主な対象にした放課後等デイサービス「ばおばぶ」を5月から始めると聞いた。愛夕が利用できる念願の施設だ。その開設記念講演会が4月に開かれ、宮本も参加した。このときの講師が鈴木だった。「なければ創ればいい」と全国で母親たちが重症児デイサービスを立ち上げていると知ったことが、宮本の心を動かした。

さらにこの年の夏、宮本らは「医療的ケア児支援フォーラム」を札幌市内のホテルで開催した。この年4月からあるメーカーの体験施設の一角を借りて不定期に店を開いていたバギーマークの店の主催だ。約200人が集まった。店のメンバーの1人が、医療的ケア児支援に熱心な地元選出の国会議員にメールを送ったことがきっかけだった。宮本は、議員本人からかかってきた電話があまりに気さくで驚いたという。同議員はバギーマークの店を訪れ、フォーラムにもパネラーとして参加した。

その際、バギーマークのイベントメンバーに看護師や保育士もいると知った同議員から、宮本らは「だったら自分たちでやったほうが早い」といわれたそうだ。期せずして「なければ創ればいい」が異

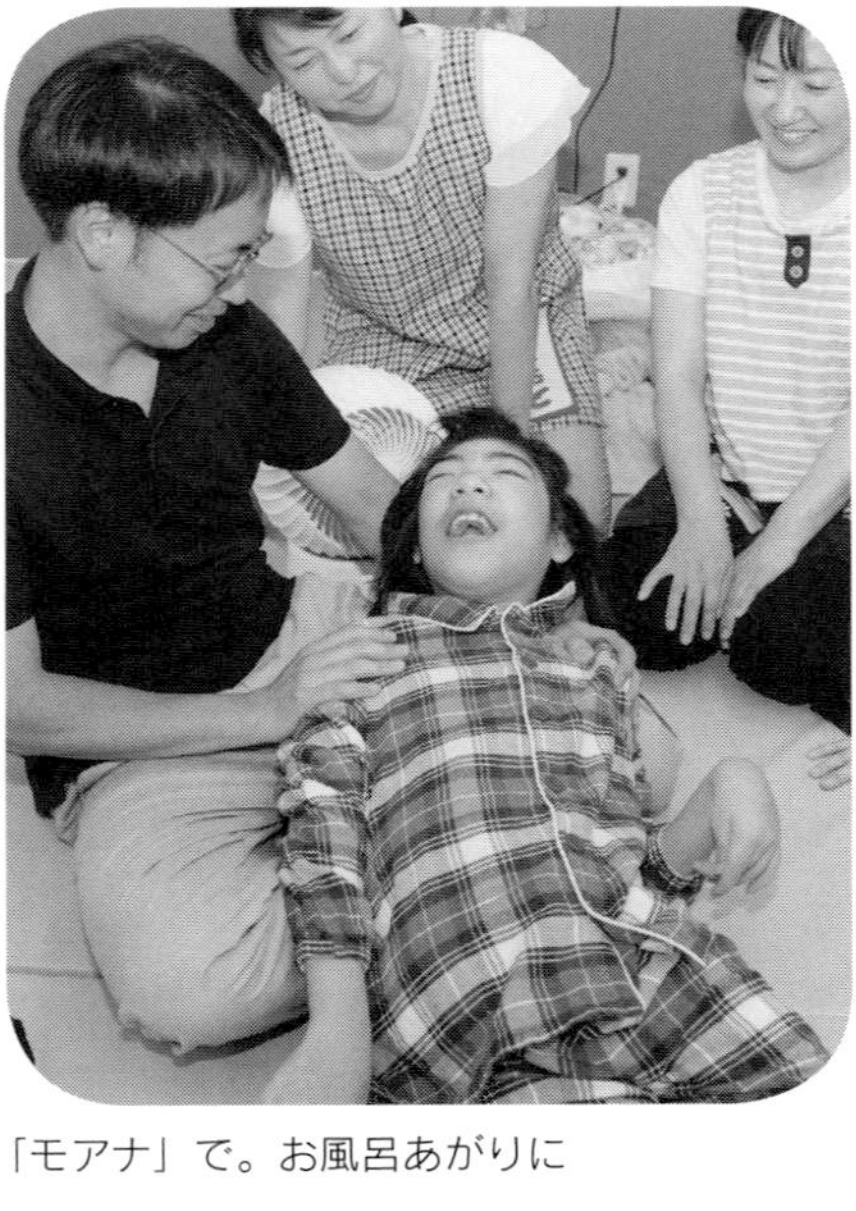

「モアナ」で。お風呂あがりに

口同音に並んだ。それならやってみよう、と宮本は一気に立ち上げに向けて動き始めた。

それからは早かった。鈴木のアドバイスで、宮本らはまずＮＰＯ法人「ソルウェイズ」を立ち上げた。8月に設立発起人会、10月に設立総会を開いて認可申請、翌２０１７年1月に認可されて設立登記している。設立に必要なメンバーはバギーマークの店の母親たちを中心に揃えた。

重症児デイサービス「ソルキッズ」は4月開所の予定で、物件やスタッフを揃えていった。たまたま「ばおばぶ」が移転することになり、その物件を借りることができたのは幸運だった。デイ開設に向けたクラウドファンディングも超過達成した。そもそも利用したい母親たちが集まってつくったものだから、最初から利用者が見込めていたことも大きかった。

こうして予定通り重症児デイサービスを始めることができた。決断から半年余りの早業だった。

5 安心感——働く母親たち

宮本は「ソルキッズ」を開設して1年で移転して規模を拡大し、3年目に2つ目の「モアナ」を開設した。事業所の利用が増えている背景には安心感があるという。

母親らにとっては「代表がお母さんだから、気持ちをわかってもらえる」のも大きいそうだ。たとえばケアの方法が家庭と違うと気になるが、それを看護師らに注文するのは気が引ける。そんなときに宮本が聞き役になり、母親の立場で現場に伝える。現場にとっても助かるという。医師の指示も柔軟性が高く「お母さんがいいといっていたら、それでいい」と母親の役割を重視している。

　病院からの紹介もよくある。愛夕や実來を通じて宮本と長いつきあいの医師も少なくない。「〝うるさい親〟だけど『変なことはしない』とは思ってもらえていると思います」と宮本はいう。

　母親たちが安心して預けられるから、美容院などに行くのはもちろん、グループで利用日を合わせて〝ランチ会〟をするなど、それまで不可能だった企画も実現する。次の子が生まれた話を聞くのもうれしい。

　母親たちが働くことにもつながる。「ソルキッズ」や「モアナ」では、重症児の母親たちも少なからずスタッフとして働いている。それは看護師や保育士などの有資格者だけではない。

「お母さんたちは、重症児を育てた経験を生かしたいと思っています。それが自分たちの強みだし、お世話になった分、何かで貢献したいという気持ち

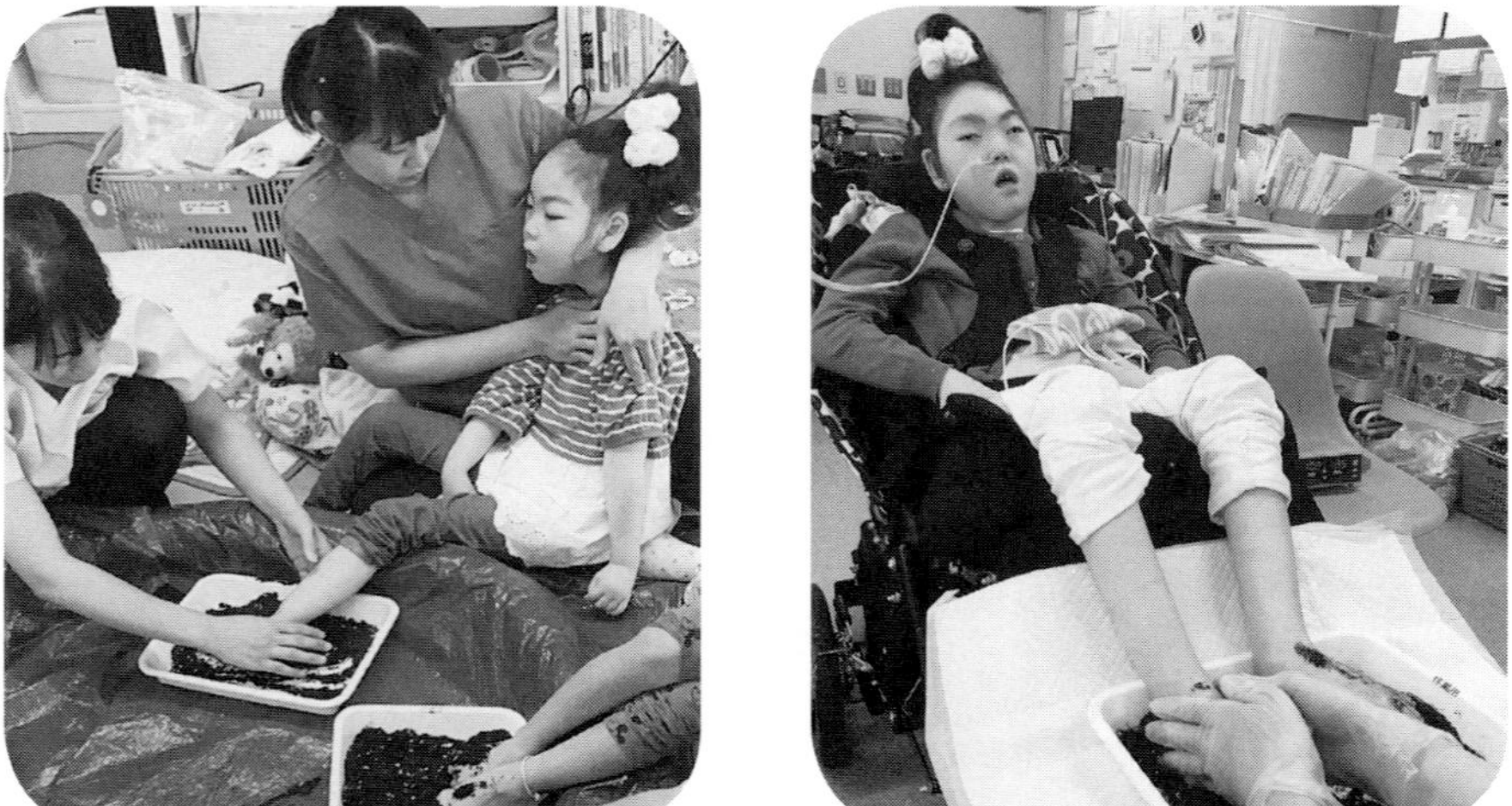

なかなか外に出て土に触れる機会がないので「ソルキッズ」で土遊び（ソルキッズ提供）

もあるのです」

ある看護師はかつて、医療的ケアが必要な子どもを病児対応の保育園に預けながら病院に勤務していた。しかし周囲に感染症の子どもが多いと障害児は感染しやすい。そのたびに休まざるを得ず、母親は有給休暇を使い果たして、結局は病院も辞めざるを得なくなった。

その母親が「ソルキッズ」の利用を申し込んだ。事情を聞いた宮本が「経験を生かしてぜひこの事業所で働いてほしい」とすすめた。そして子どもは「ソルキッズ」を利用し、母親も看護師として働き始めた。するとその子はほとんど休まず元気に通い、入院もしなくなった。口からの食事もできるようになり、身体も大きくなってきた。看護師も頼りになる存在になっている。

また宮本は看護師だけでなく、医療的ケアが必要な子がいる有資格者や、専門的な資格がなくても働く意欲のある母親を採用している。もちろん勤務中は、「ソルキッズ」や「モアナ」を利用することも可能だ。宮本の仕事の一部を同じ境遇の母親がサポートすることで、宮本の負担は大きく減った。もはや彼女らは、いなくてはならない存在でもある。

こうして「ソルキッズ」や「モアナ」は、重症児の居場所、地域生活の場所にとどまらず、その母親たちの就労の機会や場所にもなっている。

6 地域生活——札幌市を囲んで

宮本は、この間に生活が一変してシングルマザーになった。けれども前を見ている。3つ目になる多機能型重症児者デイサービス事業所を開設する予定で、それらで札幌市を囲む計画だ。2つの生活介護事業所はそれぞれ養護学校の近く。子どもたちは住まいの近くの養護学校に通い、卒業すれば生活介護事業所に通える。そこがいっぱいになったら、さらに生活介護を増やしていくつもりだ。

宮本は講演を頼まれると、いつも次の話で締めくくっている。

「これから生まれてくるどんな子どもたちもその家族も、安心して暮らし、子育てできる社会になってほしいと思います。私はこれからも、お母さんたちに元気や勇気を届けられるような活動を続けていきたいと思っています」

〈参考・引用〉
・「よちのりのブログ」(https://ameblo.jp/20081010-0803/)
・「北海道新聞」2016年7月31日付、同2017年1月3日付
・NPO法人Solwaysホームページ(https://solways.or.jp/)
・「札幌市立特別支援学校学則」(1963年同市教育委員会規則第12号)

CHAP 2

重症児3人の母が立ち上げた重症児デイが訪問教育分教室を設置へ

一般社団法人weighty・紺野昌代（茨城県ひたちなか市）

紺野昌代はいま日本初の試みに挑戦している。重症児を主な対象としたデイサービスの事業所に、訪問教育の分教室を設置したのだ。訪問教育は通常、教師が生徒宅に訪問して一対一で行われる。この試みは、重症児デイサービス利用者の訪問教育を事業所内に設けた分教室で合同実施し、少しでも学校の教室に近づけようとするものである。

紺野は聖矢《せいや》、蘭愛《れな》、愛聖《まなと》という3人の子どもの母親だ。3人とも、国内には症例がないといわれ病名も不明の同じ難病で、重症心身障害児だ。残

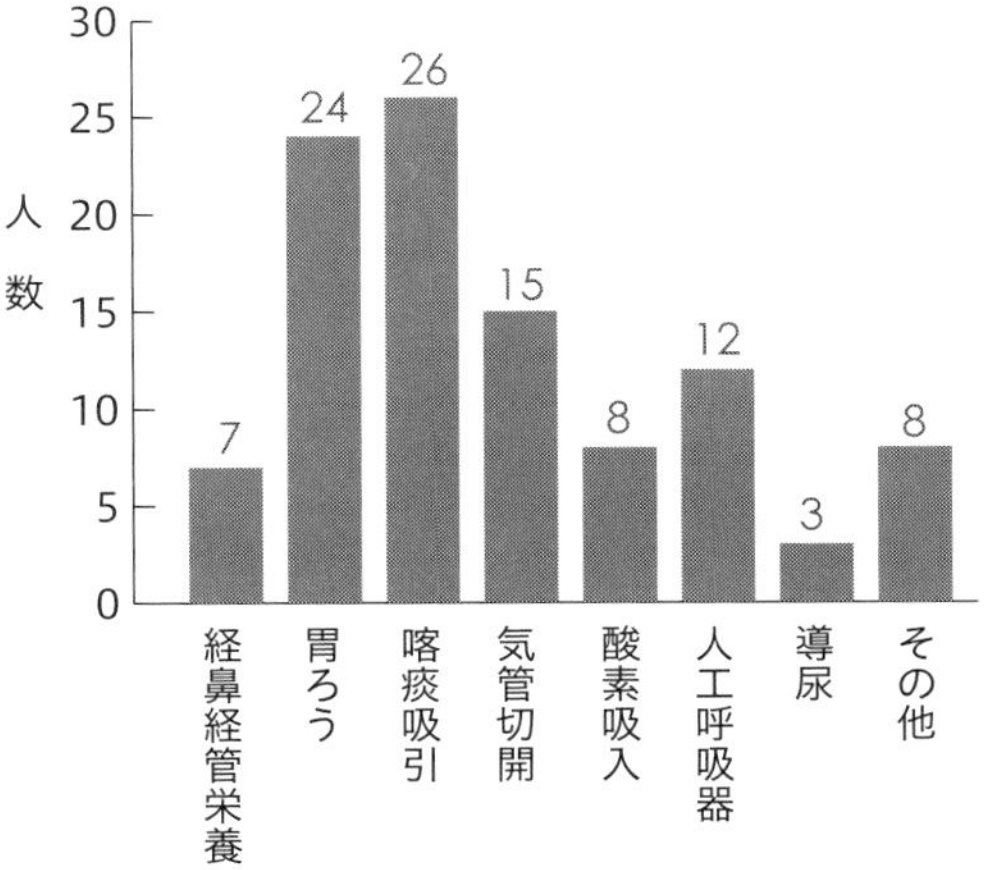

「kokoro」利用者の医療的ケアの状況
（1人で複数あり）

念ながら聖矢は２０１４年に13歳で亡くなった。中学１年生だった。

その聖矢が亡くなる直前の１年ほど、蘭愛が小学３年生、愛聖も小学１年生になり、３人が訪問教育を受けた時期があった。紺野はその日程を合わせ、３人とも同じ曜日の同じ時間にしてもらった。

「手狭ながらも先生たちの笑い声があふれていました。年齢は違いましたが、子どもたちもお互いを意識しながら、時に真剣に、時に楽しそうに授業を受けていて、まるで学校のようでした」

その後、紺野は２０１６年12月に一般社団法人「weighty」を立ち上げ、翌２０１７年３月に児童発達支援と放課後等デイサービスの多機能型重症児デイサービス「ｋｏｋｏｒｏ」をオープンさせた。１日の利用定員は５人（最大７人）、現在の利用契約は37人、うち医療的ケアが必要な子どもは33人である。年齢階層別には高校生２人、中学生３人、小学生16人、未就学児16人である。これを15人のスタッフが支援している。

きっかけはシングルマザーになったこと。紺野は看護師だが、２人の重症児を安心して預けられるところがなかった。たまたま、インターネットを通じてママ友だった宮本佳江（26頁参照）から、彼女が重症児デイサービスを立ち上げることを聞いていた。同じ道を選ぶのに躊躇はなかった。だから、宮本の

紺野昌代。静岡での講演会で

紹介で鈴木由夫代表理事と会ったときにはすでに意中の物件も見つけていて、鈴木を驚かせたという。

そして紺野は、この重症児デイサービスを始めた頃から分教室構想を練り始めていた。

「うちでしていたときのように、みんなで勉強できたら楽しいし、お母さんも休めるようになるし、子どもたちも親から離れて自分の世界をつくり上げていけるんじゃないか、と思ったのです」

それが現実になり始めている。

1 聖矢──重症児との出会い

紺野に第1子の長男・聖矢が生まれたのは2000年の秋だった。妊娠中には何の異常も指摘されていなかった。出産もスムーズだった。けれども産まれた聖矢は元気がなく、だらんとしていた。

「おなかのなかで元気に暴れていたのがウソのように筋緊張は弱く、本当に頼りない赤ちゃんでした」

聖矢はすぐにNICU（新生児集中治療室）のある病院に運ばれた。残された紺野は心配で母乳も出なくなった。「なんで私だけ？」と、周囲の励ましも素直に聞けないほど精神的にまいっていった。

看護師として働き始めて2年目だった。結婚してママになれることがうれしくて、出産前は「この幸せがもっともっと大きくなっていくんだろうな、という思いだけが膨らんでいた」という。

それだけに、紺野は聖矢の病気を受け入れられなかった。とにかく退院させたくて、必死に医療的ケアや対応方法を身につけ、自宅に連れ帰った。その後小児専門の病院を紹介されて受診したが、治ると信じていた紺野には酷な説明が待っていた。

「生命維持に必要な脳幹部に異常があること、生命予後もあまりよくないこと、根本的な治療法はないから対症療法になること、そして話すことも歩くことも難しいでしょうと、私の思い描いていた子育てには、はるかに遠い現実でした」

自宅での子育ても大変だった。呼吸が苦しくて泣き続ける聖矢を、昼夜を問わず抱っこして過ごした。ミルクを注入しても吐き、1日に何度も着替えた。体重も増えなかった。誤嚥から発熱もくり返した。夜中に何度も病院に駆け込み、入退院もくり返した。

紺野は心身ともに疲れ、笑顔が消えていった。孤独だった。ついに聖矢に手を上げた。

「もう泣かないで！　なんでこんなに吐くのよ！　もう!!」

自己嫌悪に陥った。先が見えない恐怖に苦しめられた。

そんな紺野を見かねて職場復帰をすすめたのは、同居していた義母だった。そして聖矢が9か月のとき、仕事中は聖矢を義母に預けて、紺野は復職した。聖矢と離れる時間ができたことで、紺野は気持ちに余裕も生まれてきたという。

とはいえ、聖矢は誤嚥性肺炎をくり返し、状態はむしろ悪化していった。呼吸にエネルギーを使うため、

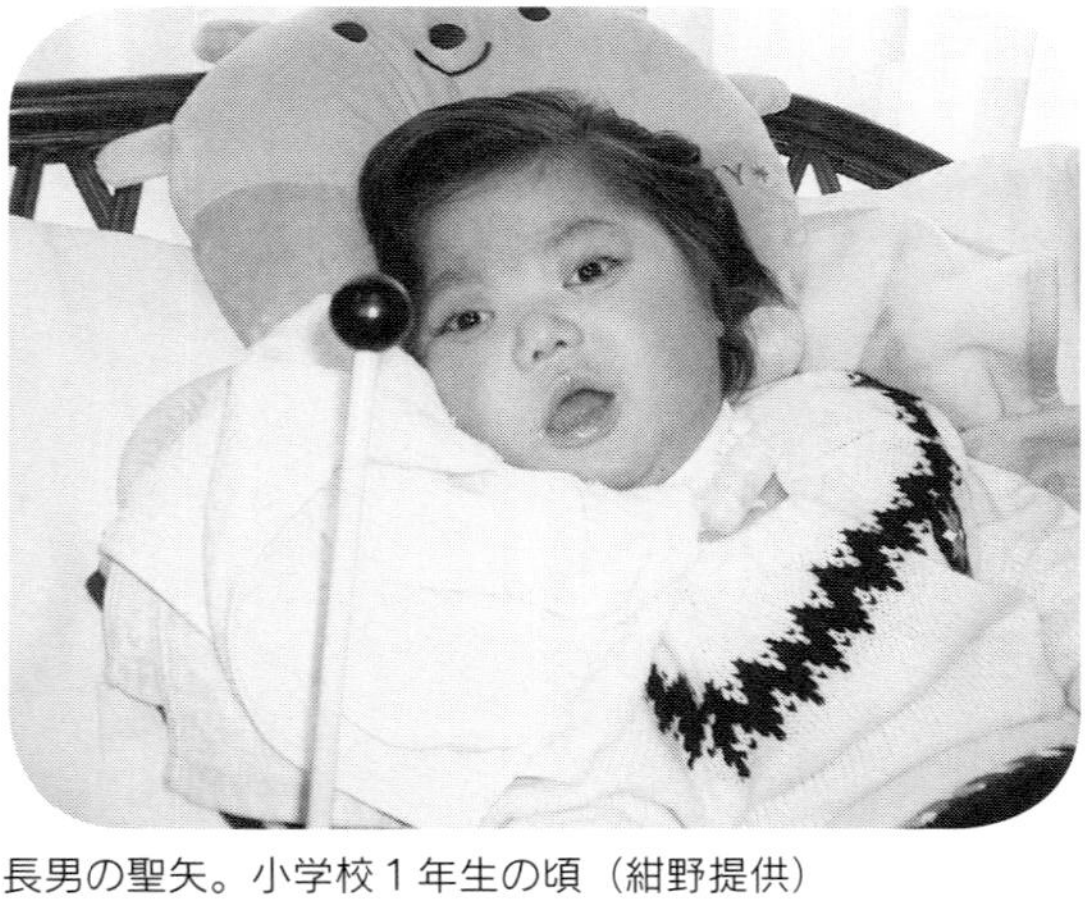

長男の聖矢。小学校１年生の頃（紺野提供）

体重も増えない。1歳で5キロと、平均の半分ほどだった。医師からは「2歳の冬は乗り切れないだろう」といわれた。

なんとか3歳になったとき、聖矢は肺炎で生死の境をさまよった。最期はどうするのか、何度も主治医と話し合った。自然に任せ延命処置はしないのか、それとも人工呼吸器をつけるのか——。

「不自由な体を必死に動かそうとしている聖矢の生命力を感じたとき、延命処置は私自身のため、と割り切りました。その代わり、医療機器がついていても精いっぱい愛情をそそぎ、聖矢自身が生まれてきてよかったと思えるようにしよう、と心に強く誓いました。家族でも話し合い、聖矢が自分の人生に満足して生涯を終わりにするときまで、一生懸命サポートしていこうと決めました」

挿管して人工呼吸器をつけ、肺炎の治療が始まった。症状が落ち着いて一旦は抜管。そのタイミングで嘔吐の原因だった胃食道逆流症の手術に踏み切った。紺野にはつらい治療が続いた。それが落ち着いたと思ったら再び肺炎になり、また挿管しての呼吸器管理になった。今度は気管切開・喉頭分離が必要な状態になった。

「聖矢が唯一訴えられる声を失うことになるのは、とても苦しい決断でした。それでも、声と命を天秤にかけたとき、大切なのは聖矢の命でした」

喉頭分離をしたことで、聖矢は誤嚥性肺炎を起こさなくなった。おかげで家族はようやく、ゆっくりとした生活を送ることができるようになった。命と引き換えに胃ろう、在宅酸素、人工呼吸器、酸素飽和度モニターなどの医療機器は増えていった。

2 蘭愛と愛聖——「3人も4人もいっしょ」と思えるほどに

聖矢が2歳の頃、紺野は成人対象の病院から小児専門の病院に移っていた。そこで紺野は、同じような境遇の家族とたくさん出会うことになる。入院しているのはほとんどが重症児だったからだ。

「それまでは私が一番つらいんだ、大変なんだ、と思っていました。でも病気とたたかう子どもや家族をたくさん見て、自分だけじゃないと思えるようになっていきました」

そして紺野は、2004年に第2子で長女の蘭愛を、さらに2006年に第3子で二男の愛聖を出産した。同じ病気の確率は4分の1と聞いていたが、3人とも同じだった。つまり64分の1の確率に該当する。それでも原因は詮索しないことにしていた。ただ状況から、夫婦いずれもが遺伝子異常の保因者でなければ3人とも同じ病気はあり得ない、と紺野は考えている。

「最初は落ち込みましたが、だんだんこれが宿命なのかと思うようになりました。愛聖のときは覚悟もしていました。もうこうなったら、とことん楽しんで生活しよう、と気持ちを切り替えました」

だから蘭愛も愛聖も、早めに胃ろう造設や喉頭分離の手術をした。ディズニーランドに行ったり温泉に行ったりと、家族旅行もたくさん楽しんだ。

とはいえ、紺野の日常はハードだった。通勤は高速道路で1時間。仕事が終わると帰りの車のなかで夜の献立を考え、スーパーに到着すると走って買いものをする。家に着くと義母から子どもたちを引き継ぎ、1人で順番に風呂に入れた。上がればそれぞれ喉の開口部などのガーゼを交換し、注入もする。3人の入浴が終わってから食事の準備をした。

「頭のなかで常に時計が動いていて、すべて時間を計算して生活していました。どこが近道で、どうすれば早く終わるかと……。だから、子どもたちのこともパパパパッとしていました」

この生活も流れができて慣れてくると、紺野にとってはそんなに苦でもなくなってきたという。すると、勤務する病院で1人の重症児に苦しむ母親の姿などを目の当たりにしたとき、「私ならもう3人も4人もいっしょだから、預かってもいいんだけど」などと思うようになった。漠然とした、重症児が安心して暮らせるために自分も何かしたいという思いを、この頃から抱き始めていたそうだ。

もっとも、病院に勤務する立場では無理な話で、仮にそういう施設をつくるにしても、方法もわからず資金もなく、とても踏み出す勇気はなかったという。

そして2014年、聖矢との別れが突然やってきた。直前のMRI検査の結果、頭のなかが「ほとん

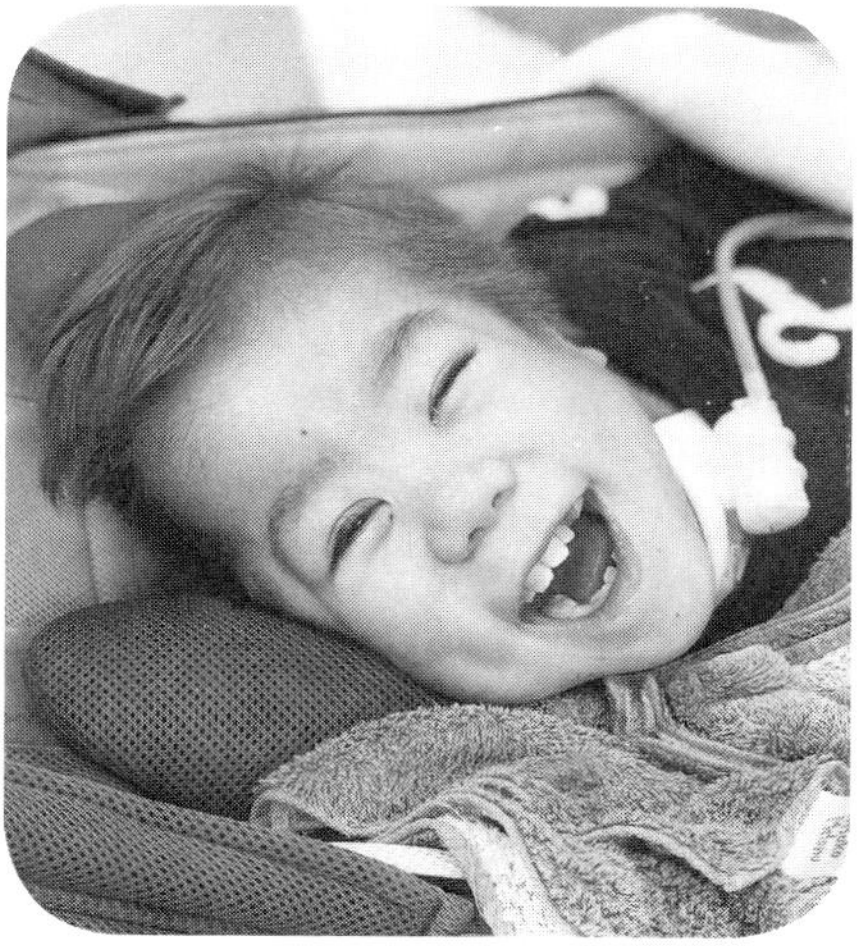

二男の愛聖。紺野はこの屈託のない笑顔に何度も助けられた（kokoro 提供）

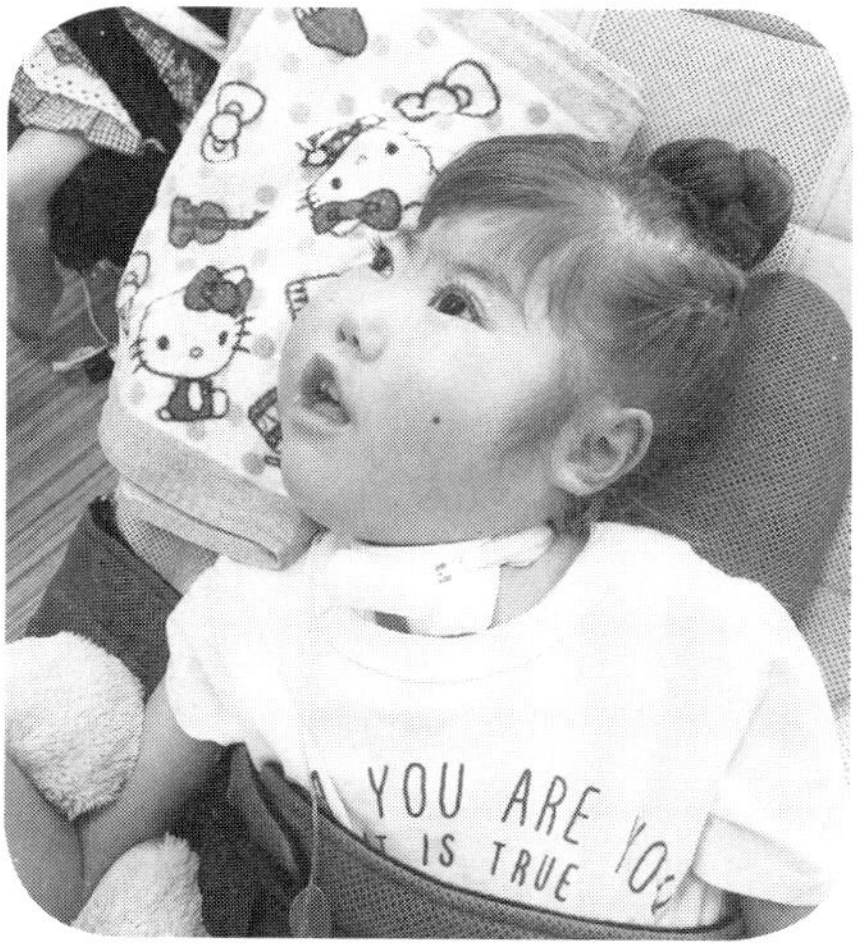

長女の蘭愛（kokoro 提供）

ど水」の状態で、主治医から「命の期限は近いかもしれない」とはいわれていた。それでも聖矢は元気に見えた。紺野は自らに大丈夫といい聞かせ、いつも通りに暮らしていたなかでのことだった。

その日も帰宅して風呂に入れ、「また明日も楽しく遊ぼうね」と寝かしつけた。ところが翌朝目を覚ますと、すでに聖矢の心臓は動いていなかった。小児救急外来で働いていた紺野には、もはや助からないとわかったそうだ。けれども必死にできる限りの蘇生処置を行いながら、家族を呼び、救急車を呼んだ。それきり聖矢は帰って来なかった。春が近い2月の末のことだった。

3 壁を崩した息子の笑顔

2016年の夏、宮本から「重症児デイをすることになった」と聞いたとき、紺野は「いいなあ。私がしたかったことだ」と思ったそうだ。しかしそのときはそれだけで、まだ踏み出せなかった。事態が大きく動いたのはその半月後、〝女の勘〟だったという。そして紺野は離婚を選択する。それは同時に、もはや蘭愛と愛聖を義母に預けられなくなることも意味した。

「医療者ではない人が3人の重症児をみるって、すごいことだと思います。そのおかげで私は働けていましたから、感謝していました」

蘭愛も愛聖も些細なきっかけで呼吸を止め、人工呼吸が必要になることがある。その急変時の不安からデイサービスなどはほとんど利用したことがなかった。だから紺野には、離婚すれば仕事を辞めて子育てに専念する道しか考えられなかった。すると生活に困る。先が見えなくなった紺野は、２人の子どもを連れて死のうと思ったそうだ。車で山道に入り、ある場所に車を止めた。

「これでアクセルを踏んだら落ちる、というところでした。そのときに、後ろの席で愛聖が楽しそうに笑ってたんです。それを見てハッとしました。ここで死んだら終わりだ……。そこからです」

笑顔は愛聖のいわばトレードマーク。紺野はその笑顔に救われた。そして思い出したのが重症児デイサービスだった。それまで踏み出す道を塞いでいた壁が、紺野のなかで音を立てて崩れ落ちた。

「もうとっとと離婚して、病院も辞めて、このデイをしようと決めました」

振り返ると、社会資源を利用せずに大人のなかで子育てをしていたことに気がついた。そのため同年代の友達をつくれなかった。だからこそ、子ども同士がふれあえる場をつくろうと思ったそうだ。

紺野は宮本の紹介で、名古屋の鈴木に電話をかけた。やって来た鈴木から「なければ創ればいい」と聞いた。紺野から事情を打ち明けられた鈴木は、次のように励ました。

「ピンチはチャンス。いまのあなたなら、絶対にいい場所をつくれますよ」

そして鈴木は、準備を早く進めるために一般社団法人を設立する方法をアドバイスした。税制などの優遇措置はＮＰＯ法人のほうが多いが、設立要件は社員２人以上などと一般社団法人のほうが緩く、設立に要する期間も短かった。その年12月に設立した一般社団法人「weighty」は、そのアドバイスによるものだ。

紺野は、かつて同じ病院で働き、当時は退職して保育園で働いていた看護師の相澤香利《あいざわかおり》に声をかけた。

「重症児デイやるんだけど、いっしょにやらない？」

「うん、やるやる！」

相澤の返事は思いのほか軽かった。紺野は心強い仲間を得た。後に聞くと、彼女も重症児に関わる仕事がしたかったそうだ。相澤は現在「ｋｏｋｏｒｏ」の児童発達支援管理責任者および管理者として紺野の右腕となっている。

だがその後のスタッフ集めには苦労した。とりわけ、もともと人材の少ない機能訓練担当職員（理学療法士、作業療法士、言語聴覚士など）の確保が難題だった。当時の基準では1人以上の常勤が必要だったからだ（現在は非常勤も可）。紺野はインターネット上にデイサービス開設に込めた自らの思いを綴って募集した。すると1人の男性から連絡があった。

「子どもが18トリソミーで、妻が引きこもっています。妻は言語聴覚士ですが、そちらで働けば子どももいっしょにみてもらえますか？」

18トリソミーは、18番染色体が3本になっていることに由来する先天異常症候群だ。紺野はすぐに会って採用を決めた。

「表情は暗く〝私は大変〟というオーラが漂っていて、数年前の自分を見ているようでした」

おかげで2017年3月、無事に「ｋｏｋｏｒｏ」をオープンすることができた。その母親も働き始めてすぐに元気になり、自分の子どもはそっちのけで仕事に一生懸命だという。その子も母親と元気に通所している。4歳になったいま、寝返りもうてるし、いたずらもするようになった。そして、何よりよく笑う。経管栄養を併用しつつ、口からも食べ始めたという。

4 変わる母親たち

オープン以来「ｋｏｋｏｒｏ」には笑いが絶えないそうだ。なかでもスタッフらは、紺野も「うるさいくらい」と思うほど。あるときは、茨城弁丸出しで絵本の読み聞かせをしていた。周囲のスタッフらが笑い転げている。子どもたちはそんな賑やかな様子を楽しそうに見ていたという。

そして、紺野が最も笑顔になってほしいと思っているのが、母親たちだった。

初めてデイサービスを利用したある子は、家ではあまり目を開けないと母親から聞いていた。しかし「ｋｏｋｏｒｏ」ではよく目を開いて楽しんでいた。ある日、母親が喜んで報告した。

「リハビリに行って、機能訓練士さんから『表情が全然違ってきた』っていわれました！」

そのとき紺野は、それまで無表情だった彼女が笑顔で、化粧をしていることに気がついた。「まだ数回の利用なのに」と、その変化がうれしかった。

「もっとうちを利用して、ママの時間をつくってくださいね」

餅つき。kokoroのオープン記念日と年末の恒例行事（kokoro提供）

紺野の言葉に、彼女は目を赤くした。

「これまでそんなことをいわれたこと、ありませんでした……」

その言葉に紺野は、この母親がこれまで背負ってきたさまざまな思いを感じたそうだ。

オープン3か月目には、総勢30人ほどで初めての親子遠足を実施した。ねらいは母親たちの横のつながりをつくること。そのため、子どもたちは極力スタッフが対応し、普段は顔を合わせない母親たちが自由に話せるように配慮した。

「遠足なんて初めて〜」

「楽しい〜」

そんな声があちこちから聞こえた。初めての試みでスタッフは打ち合わせも重ねてきたが、心配しなくても母親たちはあっという間に仲よくなっていた。互いに連絡先を交換し、連絡も取り合うようになったそうだ。その後、送迎時に母親同士で話す姿もよく見られるようになっていった。この親子遠足は年間行事の一つになっている。

「ママヨガｄａｙ」も実施した。インストラクターを招き、「ｋｏｋｏｒｏ」のスタッフルームに5〜6人の母親が集まってヨガに取り組む。静かなのはヨガのポーズ中だけというほど賑やかだった。しかも、この母親たちの笑い声が、そばで療育を受けている子どもたちには何よりの刺激になるらしい。母親たちにとっては、わが子が受けている療育を〝参観〟する機会にもなる。ヨガが終わると参加した母親らでランチに出かけることもよくあった。

「ｋｏｋｏｒｏ祭り」も毎年実施している。家族みんなでの参加をすすめ、母親たちだけでなく父親たちのつながりをつくるねらいもあった。事業所前の駐車場を借りて、最近は100人を超える参加者で賑わっている。

さらに、母親たちを対象にした「救急蘇生教室」なども開催した。そうした取り組みを一年近くすすめるなかで、母親たちが自主的なサークルを立ち上げた。サークル名を利用者に募り「いけあーじ」と命名。その後、「kokoro祭り」に出店したり、特別支援学校のバザーにも出店したりしている。

「お母さんたちは、子どもを自分で囲って生きてきました。それを誰かの手に委ねるのは、罪悪感を覚えるわけです。でもそうじゃない。この子のためには、子どもたちの世界に飛び込ませなきゃならない。そしてお母さんは自分で楽しい時間を過ごすべき。それをずっといい続けてきました。だから最近のお母さんたち、すごく変わってきたと思います」

と紺野はしみじみと話している。

5 動き出す訪問教育の分教室

「kokoro」をオープンしたことで、紺野は自宅で訪問教育を受けさせるのが困難になった。重症児デイサービスの利用者でもある蘭愛と愛聖を、週3回の訪問教育のときだけ連れ帰ったり、その日の利用を休んで紺野も自宅で待機したりすることには、無理があったからだ。

紺野は、訪問教育の場所を「kokoro」に移して、教師に事業所に来てもらえるよう学校と交渉した。当初は難色を示されたが、何度も交渉した末に「教育相談」という形で実施してもらえることになった。もちろん、ほかの利用者とはきちんと区別するのが条件だった。

こうして「ｋｏｋｏｒｏ」の相談室で、蘭愛と愛聖の事実上の訪問教育が始まった。すると、関係者みんなにとってとても都合がよいことが明らかになってきた。

まず、教師からは「安心感が違ってすごくいい」という声が出た。やはり自宅では、何かあったときの対応に不安があったという。しかし「ｋｏｋｏｒｏ」なら、何かあってもその子をよく知る看護師がいる。しかも、相談室から「チンチン」と鐘を鳴らせば「はいよ」と看護師が吸引に来る。これらが大きな安心感につながるそうだ。

また、教師にとっても事業所の保育士や機能訓練士らにとっても、授業や療育が互いに興味深く、発想の情報交換になった。たとえば蘭愛も愛聖もペンは握れないが、教師がそのための装具を工夫しているのを見て「ｋｏｋｏｒｏでも子どもたちに使おう」となったり、逆に教師が療育を見て「こういうやり方もあるんだ」と新鮮に感じたりすることも少なくなかった。

さらに、母親たちからも「うちの子たちにもできないか。そうすれば働ける」という声が上がった。

バランスボールに乗った保育士に抱っこされて満面の笑み（kokoro 提供）

紺野も母親たちに、どんどん社会に出て働いてほしいと思っていたから、それらの声も後押しになった。

この形態を、さしあたり訪問教育を受けている「ｋｏｋｏｒｏ」の利用者に適用するのが、分教室構想だった。子どもは大人と一対一ではなく子どもたちのなかで学べる。教師は安心して授業に専念できる。そして保護者にとってもメリットが大きい──。みんながワクワクするような構想だ。実際、ある行政の担当者は「実現すれば絶対に、県ではなく国のモデル事業になります！」と目を輝かせたという。

この構想を実現していく上で、カギはいわゆる縦割り行政だった。そこで紺野は、教育、医療、福祉の各関係者が互いに顔の見える関係になることを願って、意見交換会を企画した。

そこに向けて独自に保護者アンケートも実施した。「息抜きができるようになり、身体的にも楽になった」「気持ちにゆとりができて、夫婦喧嘩が減った」「『孤独じゃない』と思えるようになった」など、「ｋｏｋｏｒｏ」を利用してきた母親たちの声が集まった。

さらに、医療的ケア児の親の会の協力を得て県知事に要望書も提出できた。

そして２０１７年12月、初めて「ｋｏｋｏｒｏ」で開催した意見交換会には、県の障害福祉課と教育庁特別支援教育課、近隣3市の障害福祉課、小児専門病院の医師とＭＳＷ（医療ソーシャルワーカー）ら総勢17人が集まった。参加者には「ｋｏｋｏｒｏ」に来ている子どもたちの様子も見てもらった。

そして紺野は、どうして障害が重いからといって学校に通えないのか、なぜ友達といっしょに勉強することができないのか、そしてどんなに重い障害があっても子どもは子どもらしく、子どもの世界で育つべきではないのか、と懸命に訴えた。

その思いは伝わったようだった。次の言葉が共有された。

「どうにかできる方向で、いっしょにがんばっていきましょう」

県では訪問教育に対するガイドライン作成など、それぞれの分野で調整がなされていた模様だ。

その結果、初年度は試行期間、次年度に本実施とし、まずは自宅での一対一の訪問教育をそのまま移行する合同実施の形で開始する方向が固まった。たとえば5人の訪問教育を合同実施すれば、子ども5人と教師5人になる。この場合、紺野は1～2人の教師に子どもが5人という学校と同じようなパターンを考えていたが、それは次年度以降の検討課題になった。

また実施にあたっての条件として、授業中の医療的ケアは「ｋｏｋｏｒｏ」の看護師が行うこと、責任の所在を明確にすること、実施にあたっては県が事業所の現場確認を行い、許可がおりれば学校、保護者、事業所の三者で確認書を交わすこと、などが盛り込まれている。

紺野は２０１９年の秋、教室建設費用や医療機器導入費用を目的に、クラウドファンディングにも取り組んだ。これには、当初の目標を上回る総額３００万円超が集まった。そして２０２０年3月、新築移転して大きくなった「ｋｏｋｏｒｏ」で、訪問教育の分教室が動き始める。

この取り組みがこれからどう発展していくのか、各地から注目を集めている。


〈参考〉
・多機能型重症児デイサービスｋｏｋｏｒｏホームページ（http://jyudei-kokoro.org/）

CHAP 3

人工呼吸器の子の母、「おでんくらぶ」から地域生活を

NPO法人なかのドリーム・福満美穂子（東京都中野区）

福満美穂子の娘・華子《かこ》は特別支援学校高等部1年生で、訪問教育を受けている。脳性まひで難治性てんかんがあり、重度の知的障害もある。34回の入退院をくり返したが、12歳で気管切開をした後、医師の指導で積極的に人工呼吸器を使用するようになってからは状態が安定してきた。

福満は、重症心身障害児をもつ母親たちと2007年に「おでんくらぶ」という自主グループを立ち上げ、定期的な活動を行っていた。ブログでそれを知った鈴木由夫代表理事からのメールが縁で、福満らは

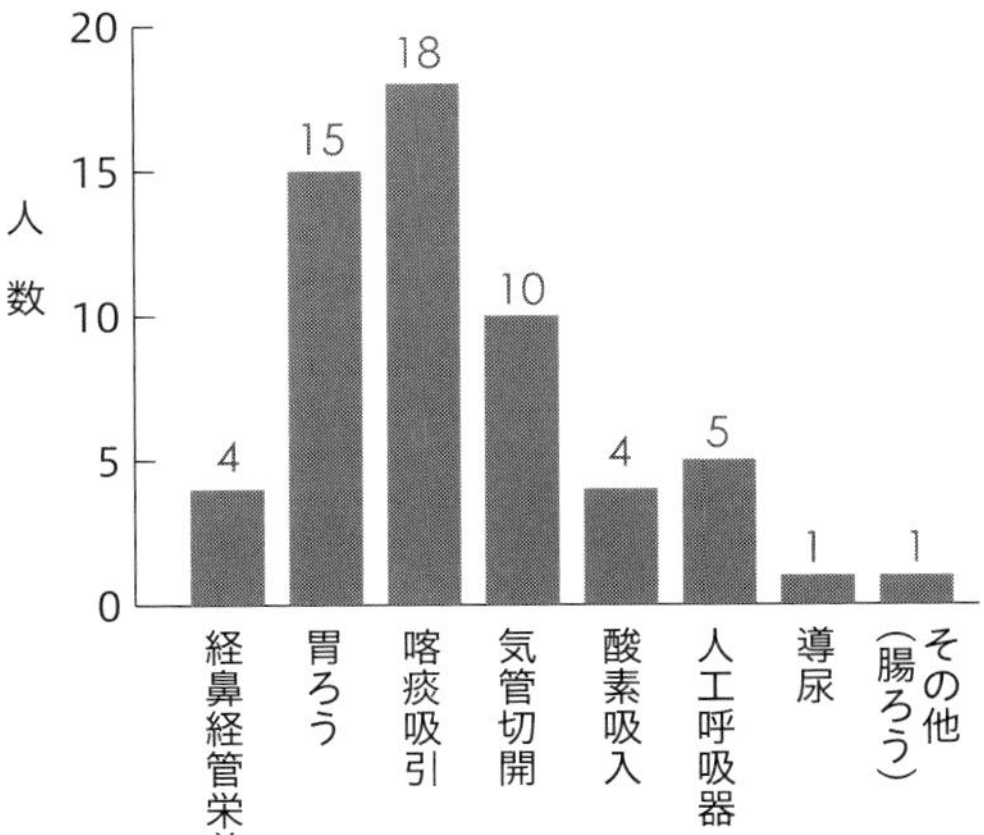

「おでんくらぶ」利用者の医療的ケアの状況（1人で複数あり）

2015年4月に自主グループ「おでんくらぶ」を発展させてNPO法人「なかのドリーム」を設立した。そして同年8月、重症児を対象にしたデイサービスとして新たに「おでんくらぶ」を開設し、児童発達支援と放課後等デイサービスを開始した。さらに翌年4月には、幼児から高齢者までを対象にした訪問介護「なべ」も始めた。

福満は現在、NPO法人の理事で重症児デイサービス「おでんくらぶ」の管理者をしている。利用定員は1日5人、2019年11月現在の利用契約は32人、このうち医療的ケアが必要なのは22人、利用者の年齢層別内訳は、高校生2人、中学生8人、小学生15人、未就学児7人である。「なべ」の利用契約は17人だ。

福満美穂子。「おでんくらぶ」の前で

華子はほとんど在宅で過ごしている。現在、日中は「なべ」ほか4か所から重度訪問介護のヘルパーが1週間に11人入り、夜間は福満が1人で介護する。夜の喀痰吸引は3〜10回、多ければ20回以上と熟睡できる時間はわずかだ。それに、在宅といえどもけっこう忙しい。訪問看護は月曜から金曜までの毎日、看護師と作業療法士らが隔日で入れ替わる。週3日は学校の教師が2時間の授業を行い、月2回は訪問医が自宅に来て胃ろうボタンの交換や気管切開のカニューレ器具の交換をする。そういうなかで華子は月に3回ほど「おでんくらぶ」を利用している。

「大変ですけれども、いまは本当に楽しいと思っています」

福満のこの言葉に屈託はない。気持ちが元気になる上で大きな転機になったのは２０１８年、事業を開始して3年目に初めて参加した全国重症児者デイサービス・ネットワークの大会だったという。

「多くの重症児の母親が同じように重症児デイを立ち上げていました。しかも一人親が非常に多く、自ら理事長となって全国の施設を見学し勉強していました。重い障害のある子を育てながらこんなことができるんだと驚くとともに、事業者としての意識が大きく変わりました」

福満もシングルマザーになって数年の頃だった。

1 助けたくなるオーラ

福満は妊娠中、高血圧に高血糖、さらに切迫早産にもなり、何度も入退院をくり返していたという。にもかかわらずお腹の子どもはすくすく育って２００３年の秋、35週と早産だったが出産そのものは順調で、〝スルッ〟と生まれた華子は２１３０グラムだった。出産直後の新生児の健康状態を表すとされるアプガー指数も、ほぼ満点と良好だった。ただ、小さかったから保育器に入っていた。

ところが出産から22時間後、華子は脈拍が落ちて容態が急変し、救急車でＮＩＣＵ（新生児集中治療室）のある病院に運ばれた。脳に一定時間酸素が行かず、低酸素性虚血性脳症となり、大脳の大部分がダメージを受けたという。ほかに基礎疾患はなく、脳性まひも難治性てんかんも重度の知的障害も、すべてはこのときに脳が損傷したことによる後遺症だった。病院の説明では、容態急変の原因は不明とされた。

元気に生まれたと思った直後に障害児の母になったのは、福満にとって予想外のことだった。2か月ほどで華子がNICUから退院して自宅での子育てが始まるが、その頃が最も不安でつらい時期だったという。

福満は「病院は病気を治すところだから、退院するころには治るはず。少し発育が遅くなるかも。薬をしばらくは飲まないといけないかも。でも、病院に通っているのだから大丈夫」と考えていたようだ。だから、病院でソーシャルワーカーに心療内科をすすめられてもその必要性を理解できず、療育センターや福祉制度の案内をもらっても戸惑うばかりだった。

華子が1歳頃のある日、福満は華子を連れてある講演会に出かけた。そこで1人の女性に声をかけられた。当時中野区議会議員をしていた佐藤浩子（現NPO法人なかのドリーム理事）だった。

「たまたま見かけたのです。障害のある小さなお子さん連れで、何か助けてあげたい気分にさせられる雰囲気でした。しかも聞くと『心が沈んでどうしようもないです。どこか相談場所ないでしょうか』って……。お子さんの相談じゃなくて、お母さんが疲れ果てて、心がもうどうしようもないっていう状

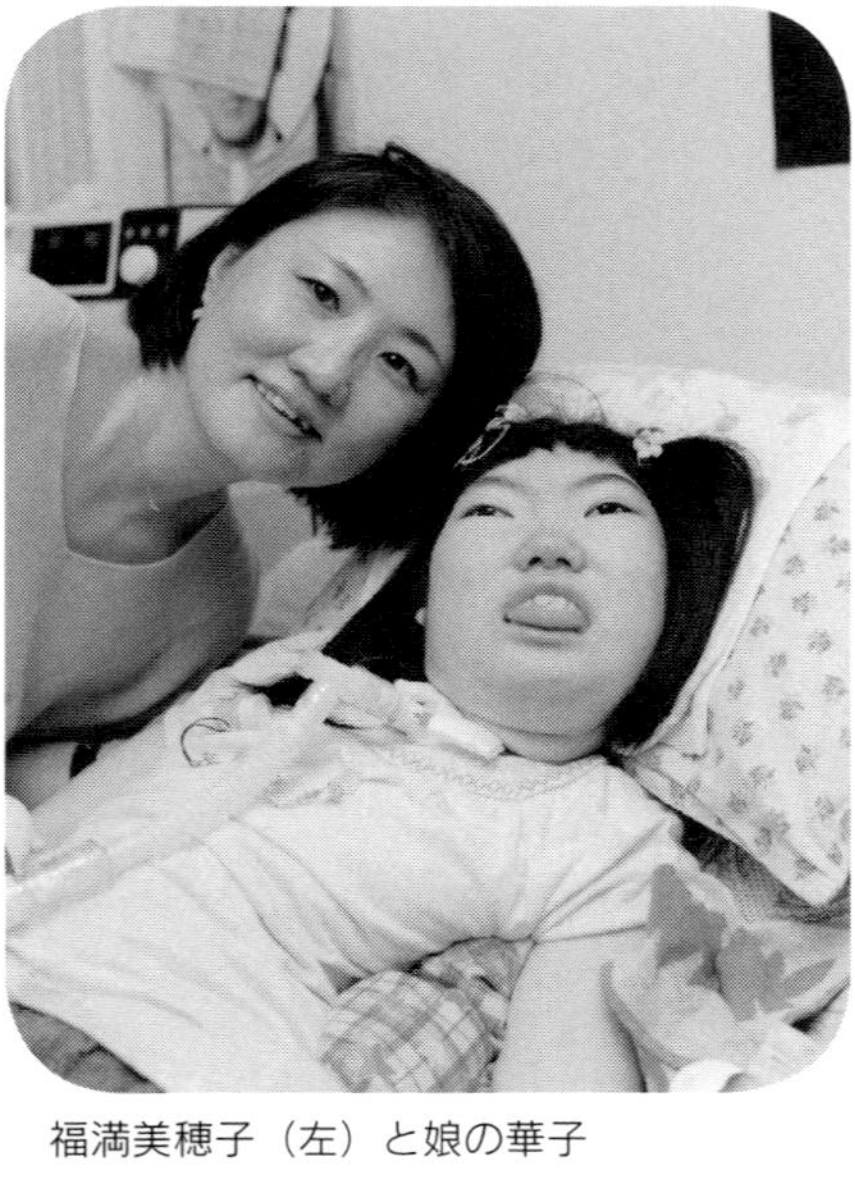

福満美穂子（左）と娘の華子

態でした」

佐藤はこれが「心を動かされたきっかけ」だったと話す。実際、福満は当時「精神的にもかなりまいっていて、すぐに過呼吸を起こし、トイレやお風呂はドアを開け放したまま短時間でしか入っていられませんでした」という。

その数年後、福満が佐藤と再会したのは、当時通っていた障害児の療育センターで開かれた「区議と話そう」という集まりでのことだった。この頃には福満にもママ友ができ、少しずつ親子で楽しく過ごせるようになってきていた。

さらに、重い障害のある子をもつ母親らから、自分たちの悩みを聞いてほしいとの声が出て、佐藤が企画したのが、重度の子をもつ親同士の交流会だった。もちろん福満も参加した。

「預ける場所も何もなくて悩んでいたお母さんたちに来てもらって、話してもらいました。親同士でしゃべり始めたらもう、すごく元気になっちゃって……」

と佐藤。これが自主グループ「おでんくらぶ」の始まりだった。2007年8月のことだ。

ちなみに「おでんくらぶ」とは、このとき場所を予約するための団体名としてつけた名称だという。冬が間近で「おでん食べたいね」と話していて決めたそうだ。いまでは「たくさんの個性あふれる子どもたちが集まる楽しい居場所づくりをしたい、という気持ちを込めている」と公称しているが、それはまさにグループの性格にピッタリだった。

2 自主グループの「おでんくらぶ」

自主グループの「おでんくらぶ」はその後、重症児とその家族のサポートクラブとして、地域センターで「細々と」活動を続けていたが、２０１０年に福祉財団から助成金を受けられたのを機に、月１回の定期開催を始めた。夏休み期間中は数回開催した。

この頃までには正式名称を「なかの重度心身障害児親子の会おでんくらぶ」とし、会の目的に「医療的ケアが必要な子どもとその家族の社会参加としての余暇活動の場」を掲げていた。

またその頃から会場も、区内の障害者施設の一室を借りられるようになった。車いすのまま入れる広くて明るいフローリングの部屋で、トイレもバリアフリーの快適な環境だった。

開催は、おおむね午前10時から昼食をはさんで午後3時まで。だいたい5～6家族がきょうだい（兄弟姉妹）も含めて参加した。この頃には地域の医師や看護師を含むボランティアの参加も増え、総勢では20～30人、多いときは50人以上になった。福祉タクシーを手配して、車いすの子どもたちの送迎も無料で行った。それによって参加者も増え、つながりも広がっていった。これらに参加したきょうだいやボランティア参加者の子どもたちのなかには後に、特別支援学校の教諭をめざしたり、医師をめざしたりするようになった人もいるという。

午前は子どもたちを中心に、重度の障害があっても楽しめる車いすダンスなどで遊び、午後は親子が分かれて活動するパターンが多かった。母親たちは専門家や行政関係者、先輩ママらの話を聞くなどして、学んだり交流したりしていた。

千葉県の鴨川市や神奈川県の箱根に一泊旅行にも出かけた。障害児親子にきょうだいを含むボランティア、いずれも複数の医師、看護師など総勢二十数人の団体旅行になった。鴨川で母親たちは子どもと離れて海の見える展望風呂にゆっくり入ることができたという。

こうした活動を通して、地域の医療関係者らからも「在宅で医療的ケアのある重度のお子さんがこれほど区内にいるとは知らなかった」などの声が多数寄せられ、認識が広がっていった。

福満はこの自主グループで当初連絡係のつもりだったそうだが、気がつけば代表になっていた。華子が小さな頃から療育センターでいっしょだった母親が副代表で、福満には心強かった。当時の華子は胃ろうからの注入と吸引のみのケアで、特別支援学校小学部まではスクールバスで通学していた。2年生からは保護者の付き添いが少しずつなくなり、福満にも時間的余裕ができてきていた頃だった。

「私、何かニンジンをぶら下げられて目標を設定されると、馬車馬のようにそこに向かって動いてしまうのです」

と福満は苦笑する。

活動を続けているうちに、グループの母親たちから「子どもを預けられる場所がほしい」という声が出てきた。福満自身は、身近なつながりや安心して暮らせる地域を求めてはいたが、華子をどこかに預ける必要性は感じていなかったという。とはいえ目の前に課題が提起されると、福満にはそれが新たな〝ニンジン〟になる。しかしながら場所もないし、そもそも活動を続けて行くために毎年助成金を得るのも大変、さてどうしたものか……、という状況に直面していた。

鈴木からメールが届いたのは、そんな2014年の夏のことだった。もっともこのメールは迷惑メールボックスに入っていたそうだ。初めて受信するアドレスではよくあることで、たまたま整理していて気がついたが、未開封のまま1か月以上が過ぎていた。

3 法人化と重症児デイサービスの開設へ

鈴木のメールには「おでんくらぶ」のブログを見たこと、全国重症児者デイサービス・ネットワークの設立を準備していること、事業の設立支援も行っていること、一度話がしたいこと、などが書かれていた。

福満は鈴木と面識はなかった。だが実は、この1年ほど前に定年後に活躍している人として鈴木が紹介された新聞記事をスクラップしていた。「こういうおじいさんが中野区に現れないかな」と思ったそうだ。そのことはすっかり忘れていて、つい最近スクラップファイルが出てきて驚いたという。

福満はメールのことをグループのメンバーらに相談した。

「普段だったら『そんな怪しいの、やめようよ』となるのです。でもこのときは何かに引っかかったのだと思います。みんなが『一回会ってみようよ』といいだしました」

そして実際に鈴木と会って、自主グループはNPO法人化に向けて動き出す。法人化そのものは、それまでも周囲から何度もすすめられていたそうだ。ただ、NPOにして何をするのかがはっきり見えていなかった。鈴木が、その対象として重症児デイサービスという事業を示した形だ。「じゃあそこに乗ってみようか、という感じでした」と福満はいう。

秋には関係者が集まって、翌２０１５年の春を目途に、まずＮＰＯ法人を設立し、その事業として放課後等デイサービスなどを始める、という計画を立てた。

理事長は小児科の高田功二医師に頼み込んで引き受けてもらった。高田医師は自主グループのときから手弁当で旅行に参加するなど、いつもボランティアで積極的に関わってきた医師の1人だった。ほかにも、自主グループの顧問だった佐藤らこれまでの「おでんくらぶ」を支えてきた人たちで理事会を構成していった。もちろん福満ら母親たちも加わった。

こうして２０１５年4月、「重い障害のある子と家族が安心して暮らせる地域づくり」を目的としたＮＰＯ法人「なかのドリーム」が設立された。高田理事長は法人のリーフレットのなかで「将来的には居宅介護や訪問看護などを受けながら安心して自立した生活を送るためのシェアハウスの設立を目指します」と、その将来構想も述べている。

前後して福満は、佐藤らと重症児デイサービスの準備に取り組んだ。当時まだ手本となる施設が少なく、多くは手探りだった。費用も銀行借入はせず、地域の人たちからの無利子

みんな大好きな音楽活動（おでんくらぶ提供）

の借り入れで賄うことができた。物件は法人設立前に見つけ、別の借り手がつかないかとヒヤヒヤしていたという。

そして２０１５年８月、自主グループから名称を引き継いだ重症児デイサービス「おでんくらぶ」がオープンした。

この重症児デイサービスの開設を前後する時期は、華子が入退院をくり返し、一時は挿管されてＩＣＵに運ばれるなど命に関わる状態にもなり、付き添っている福満には精神的にも肉体的にも負担が大きかったそうだ。重症児デイサービス開所の初日は病院から駆けつけ、立ち上げメンバーの母親や職員と涙ながらに抱き合った。重症児デイサービス「おでんくらぶ」は唯一の希望だったのだ。

その後は運営に関わる事務仕事、給与計算なども付き添いの病室で行っていたこともあったという。そして福満がシングルマザーになったのもこの時期だった。

開所して半年が過ぎた頃、華子は気管切開をし、人工呼吸器を使うようになり、大好きな学校も通学籍から訪問籍に移行した。病室に校長先生や担任の先生が集まり、ささやかながら小学部の卒業式と中学部の入学式もしっかり行われた。

4 重症児デイサービス「おでんくらぶ」と訪問介護「なべ」

重症児デイサービス「おでんくらぶ」は、重症児らが安心して安全に過ごせる地域の居場所を提供することを主眼にしている。

児童発達支援事業は、火曜日と木曜日の週2日実施している。当初は他区からの申し込みも受け入れていたが、現在は送迎の関係で中野区在住者に限っている。中野区ではすでに区立の施設で児童発達支援事業が実施されていて、実態としては、その利用者が利用回数を増やしたいときに「おでんくらぶ」に通うパターンが多い。

人員配置的には子どもだけの単独通所も可能だが、あえて親子通所にしているという。母親たちも不安を抱えているだけに、「おでんくらぶ」を保護者同士の交流や情報交換の場として活用してもらうのがねらいだ。そのためにフリータイムを1時間設けている。

そこには福満自身の経験が大きく関わっている。医療的ケアがある華子に付き添っていつも親子で通所していた福満は、当時の療育センターの母親たちといまでも交流があり、支えられているという。福満が入院したときには、先輩ママから手術後に最適な「大きなパンツ」をプレゼントしてもらったそうだ。

地域で孤立しないように、親子通所にこだわりつつも、今後は保護者のニーズに合わせて柔軟に運営していきたいという。放課後等デイサービスは、月曜から土曜まで実施している。

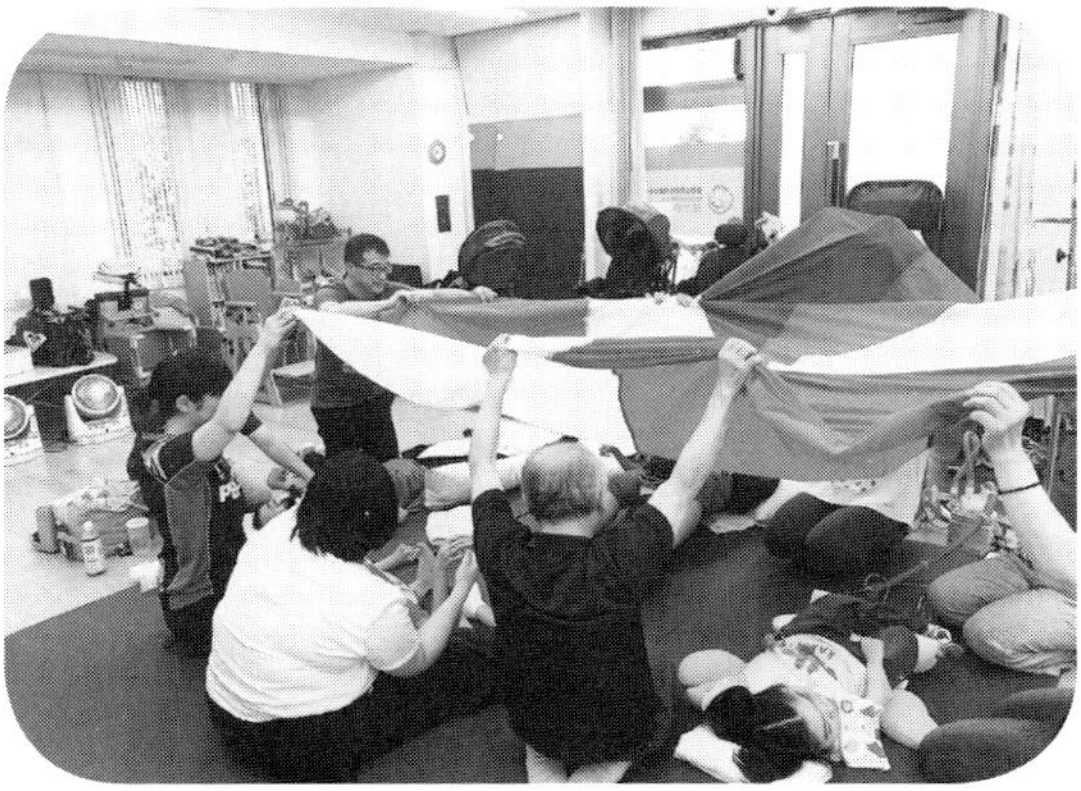
ムーブメント研修（おでんくらぶ提供）

平日は放課後に、土曜日は午前9時半から午後3時半まで預かっている。平日は学校に、土曜日や長期休暇のときには自宅に迎えに行き、自宅まで送っている。

訪問籍に在籍していた人工呼吸器を使用するある中学生は「おでんくらぶ」の放課後等デイサービスを利用していたが、次第に母親も離れることに慣れてきた。子どもたちのなかではその子の反応もよく、意思を伝えようとする気持ちが出てくるようになった。母親のケアもていねいで、体調もとても安定していた。そのため親子で自信がつき、中学3年生から通学籍に移って学校に通い始めたそうだ。

福満の娘・華子も「おでんくらぶ」を月に3回ほど利用するが、訪問籍なので、それが自宅を出て友達と会う貴重な機会になっている。

「地域で、年齢が違う子たちがいっしょに過ごせる場になっています。華子もそうですが、訪問籍の子は児童発達支援の時間に利用するので、小さい子のなかではすごくお姉さんづらをしています。子ども同士で過ごす時間がほとんどないので、ここで経験できればと思うのです」

訪問介護「なべ」は、「おでんくらぶ」で働いていた経験豊かで熱心なヘルパーが中心になって2016年4月に立ち上げた。

乳幼児から高齢者までを対象に、障害児者支援として居宅介護、重度訪問介護、同行援護、行動援護、移動支援を実施し、高齢者支援として介護保険にもとづく身体介護や家事援助などのサービスを提供している。携わるヘルパーらも必要な研修を受け、喀痰吸引などに対応できるようにしている。

福満は、支援をする側に立ったことで、改めて母親たちの愛情を実感したそうだ。

「お母さんたち、すごいんです。人に託す、子を預けるのって、忙しい毎日でもたくさんの物品を毎日準備してもたせなくちゃいけないから、大変なんです。医療的ケアの物品は特に命に関わるので、すべての物がきちんとわかるようにしてあって、私も勉強になります。連絡帳や面倒な個人データ表もきっちり書いてきてくださいます。『おでんくらぶ』の子どもたちはみんな親の愛情をたくさん受けて大切に育てられているんだとわかったときに、ここが安心して預けられる場所になることが保護者支援なのだと思いました。『おでんくらぶ』の子どもたちと関わることで、私もわが子への気持ちが深まりましたね」

5　母親たちの自立

スタッフはいま、重症児デイサービスと訪問介護、管理事務を行っている保護者らを合わせて50人である。うち常勤5人、非常勤45人と非常勤の割合が高い。特に看護師は常勤1人に対して非常勤は8人である。

管理事務を行うのは、法人の理事で運営に関わる障害児の母親たちだ。2つの事業所のスタッフには、重症児に限らずさまざまな障害児の母親や父親もいる。そのなかには保育士の資格取得をめざす母親もいれば、「おでんくらぶ」の保護者

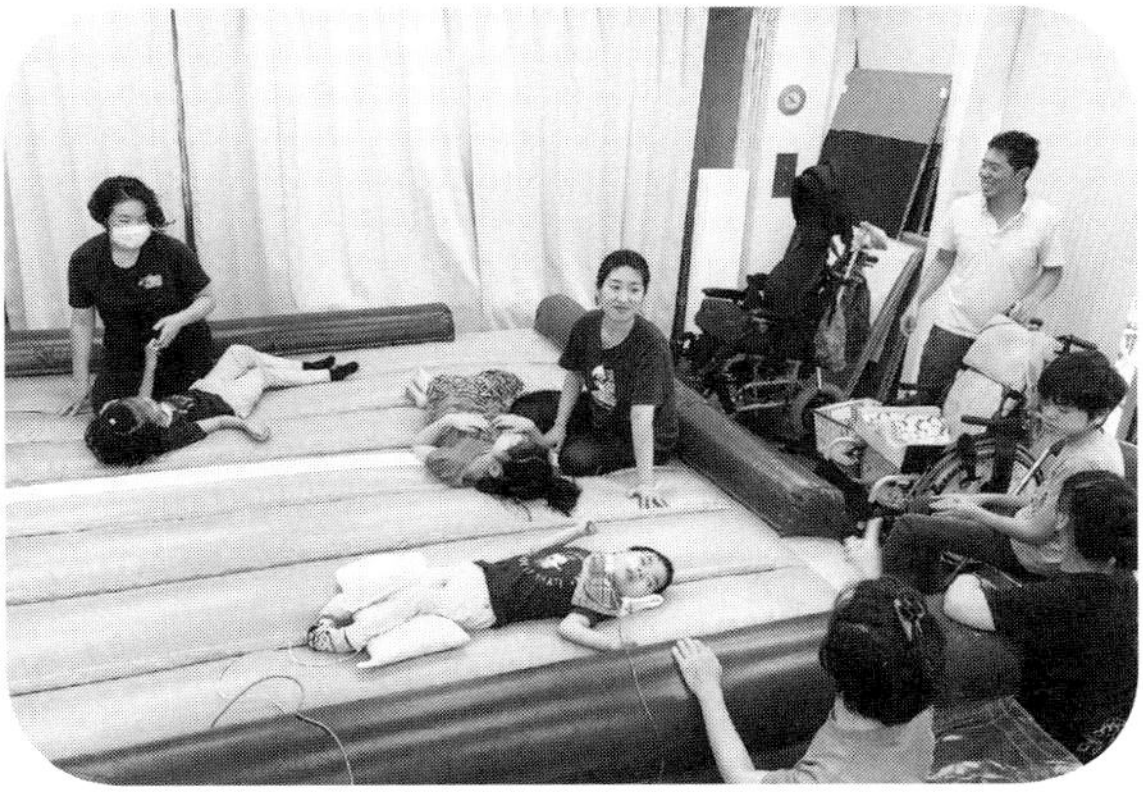

寄贈のエアートランポリンで遊ぶ（おでんくらぶ提供）

が訪問介護で働いているケースもある。

「子どもの身体が安定してそれなりの年齢になったら、親も子も自立が必要だと思っています。そのときに、たとえば放課後等デイだと預けてちょっとその時間に働けますから、第一歩として最適じゃないかと思うのです」

福満の実感でもある。結婚以来ずっと専業主婦だった福満が離婚を受け入れようと決断したとき、頭にあったのは事業が動き始めていたことだった。「生活するのに必死だったなか、この法人やいまの仕事が自分の原動力となって生かしてくれる」と思えたからだという。

また最近では、研修先に「おでんくらぶ」を指定されることがよくあり、研修生の受け入れも増えているそうだ。

6 「恩送り」

華子は中学2年生になってからショートステイを利用するようになった。

それまで福満は、自分の体調が悪いときでも、そばに華子がいないと寝つけなかったという。しかし法人の運営に携わるなかで、どうしても出かける機会が多くなり、ヘルパー利用だけでは自宅で見切れないことが増えたからだ。

また、シングルマザーになって1年後、福満自身が大きな手術をしたこともショートステイ利用のきっかけになった。自分が倒れたら人工呼吸器をつけた娘を託せる場所がないと思ったからだ。そのときはたまたま華子の体調が不安定で入院していて、福満も同じ病院で手術を受けたという。

そして、夜間に頻回な吸引や体位交換などがあるだけに、地域でともに在宅生活を続けていくには、日中のデイサービスと訪問サービス以外に、どうしてもショートステイは欠かせないと思ったそうだ。

「キャンセル待ちもして、できるだけ定期的に利用することで、娘も私も慣れてきました。娘はいま、親と離れていても平気。ショートステイ先でも笑顔で過ごしているようです。離れることを望みながら、実は私の方が離れることに不安で恐れを抱いていました。華子ももう高校生。親がうっとうしい年頃ですよね。親が関わらない自分の社会をもつことも大事かなと……」

そんな華子は、男性アイドルグループの動画をタブレット端末で見るのが毎日の楽しみで、普通の女子高生と変わらない一面もある。２０１９年にはアイドルグループのコンサートにも人工呼吸器をつけて行ったという。

「私は横で注入や吸引、投薬などをしていました。暗かったのでコンサートのペンライトで照らしながらですよ」

と福満はとてもうれしそうに話す。かつては華子しか目に入らず、悲壮感にあふれていたとはとても思えない。

いま福満には、重症児とその家族が安心して暮らせる地域

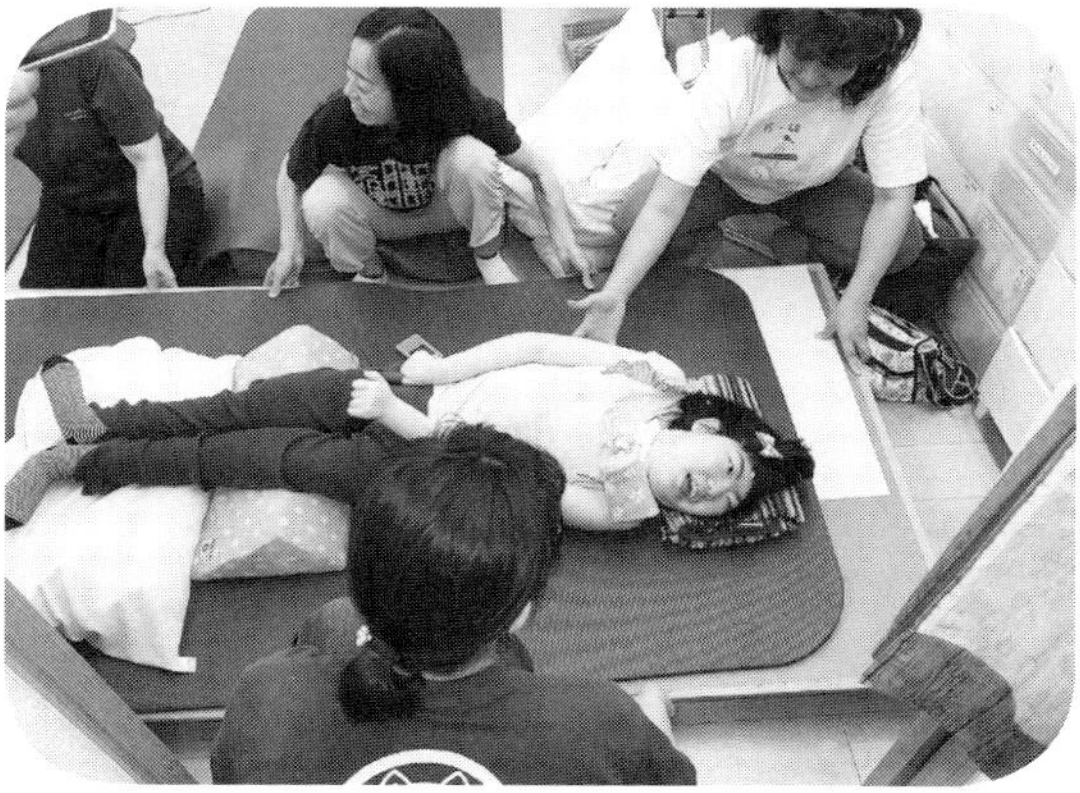

風船ベッドのスライダー（おでんくらぶ提供）

をつくるという明確な目標がある。そのための「おでんくらぶ」を続けていくのが目下のやりがいだ。

「重い障害がある子の母として、一時期は報われない悲運を恨み、他人をうらやむことで精神をむしばまれていく日々を送っていたこともありました。子どもが私の自由を阻む足かせのように感じていました。やがて同じ境遇の方と知り合い、たくさんの方に支えられるうちに気持ちが元気になり、今度は私が精一杯の恩返しならぬ、先輩ママから教えられた『恩送り』をしたいと思うようになりました。やっと私の『順番』です。微力ながら動けるときに私にできることを少しずつしていこうと思っています」

と福満は話している。

〈参考・引用〉
・福満美穂子『重症児ガール―ママとピョンちゃんのきのう きょう あした』ぶどう社、2015年
・NPO法人なかのドリームホームページ（http://nakanodream.main.jp/）

CHAP 4

16歳で産んだ母、地域生活をめざして人生転換

NPO法人TSUBAME・細川由貴（愛知県東海市）

名古屋市の南隣り、愛知県東海市。道路に面して「重症児デイ」と大きな看板がひときわ目立つ。前は美容室だった建物の自立式看板をそのまま再利用した。まさに直球、まっすぐでわかりやすい。

細川由貴は、2018年4月にNPO法人「TSUBAME」を設立し、同年8月にこの重症児デイ「NEST」をオープンした。つなぐと「つばめの巣」となるこの名称には、天敵から身を守る安全な場所に営巣するという燕のように、「どのような障がいを持っていても安心して通う事が出来、心身を育

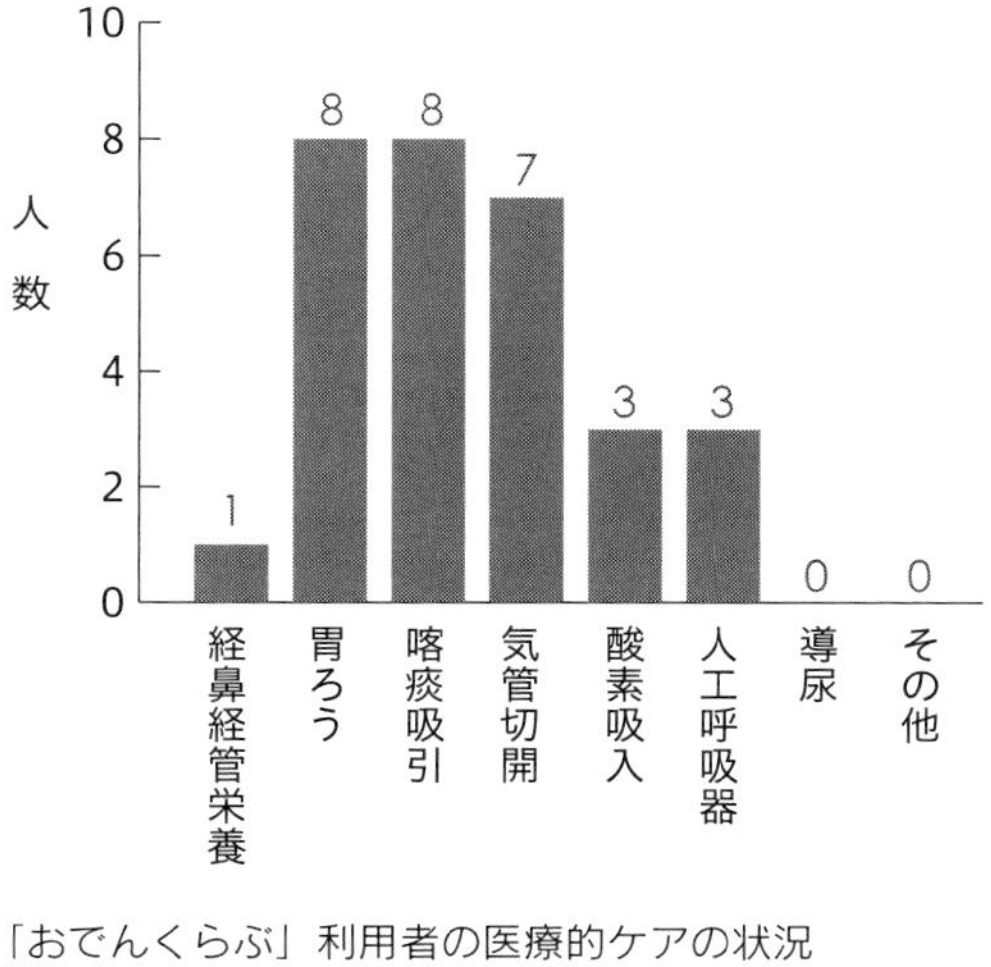

「おでんくらぶ」利用者の医療的ケアの状況
（1人で複数あり）

み、やがて親元から旅立っていく」（同法人ホームページ）場所をつくっていきたい、という細川の思いが込められている。

現在の利用契約は21人。このうち医療的ケアが必要な利用者は9人、年齢層別では高校生9人、小学生5人、未就学児7人となっている。1日の利用定員は5人、マンツーマンで対応するスタッフは総勢10人である。

細川も、重症児デイ立ち上げの直接的なきっかけは、鈴木由夫代表理事の「なければ創ればいい」という言葉との出会いだった。ただ鈴木は当初、細川には重症児デイの運営は無理だと見て、それをハッキリと告げていた。細川は重い障害児の母親には違いなかったが、医療的ケアの経験も重症児の母親らとのつながりも少なく、かといって看護師や保育士などの有資格者でもなかったからだ。

それにもかかわらず細川は重症児デイを立ち上げて、ほぼ1年で軌道に乗せた。そのパワーの源には、逆境の連続だったともいえる彼女の人生があるようだ。

重症児デイ「NEST」

1 いじめの時代

細川は岡山県生まれで2人姉妹、姉は腎臓を患って病弱だった。両親は細川が中学生の頃に離婚して、その後は母親と姉との3人暮らしだった。

その細川がいじめに遭ったのは、小学校4年生のときだった。ある日突然、クラス全員から無視されるようになった。いじめの中心は転校してきた同級生で、前の学校でその子をいじめていた相手が細川に似ていたから、というのが理由だった。教師は話し合いの場を設けたが、不調に終わった。

それから細川は学校に行かなくなった。家に引きこもってどこにも出かけず、誰とも会わないようにしていた。テストを保健室など別室で受けたり、学年が変わると新しい教科書を受け取りに行ったりはしたが、行けば吐き気をもよおすこともあり、小学校には卒業までほぼ行かなかった。

中学生になると、複数の小学校から集まるから、細川は心機一転やり直そうと思った。けれどもいじめられていた過去は他校出身者にも「一気に伝染した」という。トイレに入っていると上から水をかけられたり、机を廊下に出されたりした。だから中学校でも、細川は学校に行けなくなった。

中学校1年生の終わり頃、アトピー性皮膚炎と喘息の療養のため、姉といっしょに長期入院した。それから退院するまでの1年半ほど、併設の養護学校に通った。入院中の子どもたちが対象で、学習内容は普通学校と同じだった。そこでは友達もできて楽しかった、と細川はいう。

病院では薬の使い方や体調管理の方法を身につけることが主な目標で、細川らはランニングが日課だった。朝起きて体温を計り、まず1・5キロのランニング。帰るとシャワーを浴びて薬を塗って学校へ行く。学校から帰るとまたランニング、という日々だった。

喘息はずいぶんよくなった。アトピーはいまでも薬を塗っている。少し気を抜くとひどくなるという。けれどもそのときに教わったつきあい方のおかげで、そんなに苦ではない。

中学3年生のときに退院して家に帰ったが、やはり元の中学校には行けなかった。

高校入試が迫ってくると、母親から「試験だけは受けてほしい」と懇願された。試験の1か月前から、母親の手配で家庭教師が毎日やって来た。そして細川は高校に合格した。

高校でもいじめられるのは嫌だった。どうせ1人だからと開き直った細川は、茶髪にするなど「自分的には全力で」突っ張った格好で登校した。すると「今度はそういう子たちが寄って来た」という。目立つグループのなかに「すごくカッコいい」男子がいた。細川はその彼とつきあうようになった。すると、彼は人気があって、細川は他校の女子から何度か呼び出されたこともあった。それからまた、いじめが始まった。

「一瞬で回るんですよ。よくわからないうちに次の日から始まるんです」

と細川はいう。しかし、このときの細川には女友達ができていた。細川は「私といっしょにいるといじめられるよ」と気づかったが、彼女は「別にかまわない」と平気だったそうだ。

「いじめる人って、こっちが平気になってくると、いじめなくなってくるんですよ。すると今度は違う子がいじめられる。私たちはいじめないから、だんだん私たち2人のほうに人が集まるようになって、私をいじめていた子は結局学校をやめちゃったんです」

後にそのときのことを聞いた細川に、彼女は「いじめが好きじゃなかったから」と答えた。その彼女とは親友になった。

彼は、いじめで細川がまた学校に行けなくなったとき、自転車で30分かけて迎えに来て、学校に連れて行くようになった。バス停まで自転車で30分、さらに学校までバスで1時間の道のりだった。

そのうちに彼は家にも寄るようになった。そして気がつけば、家族同然に暮らしていた。母親も、彼が細川を学校に連れて行っているだけに、「まあ仕方ないわ」と黙認していたという。

2 16歳で障害児の母になる

細川の高校生活が落ち着いてきて1学期が終わった頃、彼女の妊娠がわかった。それを機に、細川も彼も高校を中退した。彼は機械関係の会社で働き始めた。この時点では、2人とも法的に結婚できる年齢ではなかったが、実態としては事実婚の生活になっていった。

妊娠中は順調だと思っていた。しかし7か月頃に臨月ほどの大きなお腹になったかと思うと、胎児が動かなくなった。病院に行くと心肺機能が落ちていた。大学病院に移って緊急の帝王切開で出産した。1148グラムで生まれた宗太郎は、新生児仮死の状態だった。妊娠しても出産まで到達しない不育症が疑われたが、ハッキリとした原因はわからないという。細川は16歳になったばかりだった。

宗太郎は医師の処置で蘇生した。しかしそれまで酸素が行かず、脳がダメージを受けた。低酸素脳症だった。そのため、支援学校高等部に通ういまでも毎日のようにてんかん発作がある。

細川は最初「まず小っちゃい」と、それだけでかわいかった。とはいえ、宗太郎は挿管されて保育器に入っている。医師からは「手術しても目が見えるかどうかわからない」「首もすわらないし歩けないだろう」などと説明された。細川には、これからどうなっていくのか想像できなかった。一方、パパは「何とかなるでしょ」というタイプだったそうだ。

4か月余りで自発呼吸が安定し、宗太郎は退院することができた。その間、細川は毎日病院に母乳を運んだ。宗太郎は2500グラムほどになっていた。

細川に比べると母親は、孫の将来をよりシビアに捉え、いまのうちにと考えていたようだ。

「母は、勤めていた縫製会社を辞めて『整体に連れて行く』といい出しました」

母親が宗太郎を連れて行ったのは、おばが住む三重県。そこから、障害がある人にも対応するという整体に通った。細川は同行しなかった。将来への不安から精神的に不安定だったからだ。しかし宗太郎と離れたことで、細川はますます落ち込んでいった。睡眠薬を飲んで倒れたこともあったという。

細川が17歳になった頃、姉も体調を崩し、母親に呼ばれてパパも含めた全員が愛知県に移り住んだ。

細川由貴と息子の宗太郎

パパは新しい仕事を探し、細川はコンビニのアルバイトを経て、高齢者のデイサービスで介護の仕事に就いた。生まれた直後の宗太郎が入院中に、講習に通って取得したヘルパー資格が生きた。

整体の効果かどうかは不明だが、宗太郎の目は見えていて、首もすわった。歩けるようにもなった。けれどもけいれん発作は残っていたし、知的な発達の遅れもあった。そのため周囲から「ここがいい」と聞くと、母親はどこでも宗太郎を連れて回った。

自然と、母親と姉が宗太郎の面倒をみて、細川とパパが働いて生活費を稼ぐ、という生活スタイルになっていった。こうした生活が3年ほど続いたとき、思いがけないことが起きた。

3 突然いなくなったパパ

20歳になって、細川とパパは正式に結婚する予定で準備をすすめていた。結婚式の衣裳合わせの際に撮った2人の写真が残っている。

その結婚式を半年後に控えたある日、「コンビニに行く」といって出かけたパパがそのまま帰宅しなかった。探しても見つからなかった。周囲からは「蒸発したんじゃないか」などといわれた。結婚式前でもあり、子ども好きで宗太郎の面倒もよくみていたパパが黙っていなくなることを、細川は信じられなかった。

細川らの生活は逼迫した。パパが乗って出たままの車のローンも、携帯電話の使用料をはじめ保険料なども、本人の消息がわからなければ解約もできなかった。加えて母親が事故で骨折し、入院した。姉は働けなかった。暮らしは一手に細川の肩にのしかかってきた。

細川は悔しくなった。1人で逃げたと思うとパパにも腹が立ってきた。けれどもいつかパパが帰ってきたとき、生活のレベルが下がっているのはもっと悔しかった。だから介護の仕事が終わると、名古屋の夜の街でアルバイトも始めた。睡眠時間は2時間ほどという日々が続いた。

パパの失踪から10か月ほど過ぎたある日、警察から連絡があった。浚渫作業で沈んでいた車が発見されたといい、車内の遺体がパパではないかとのことだった。確認に出向くとそうだった。

現場は自殺の名所とされているらしい。そのせいか細川には、警察の調べも最初から自殺と決めつけているように思えた。黙っていなくなることさえ信じられなかったのに、まして自殺などとは到底思えなかった。けれども、自殺を否定する決定的な証拠もわからなかった。だから、なぜ亡くなったのか、細川には謎のままだ。

細川はいまも1枚の写真を大切に残している。まだ赤ちゃんだった宗太郎を細川が抱いている写真だ。気に入っていたこの写真が見つからず、パパに尋ねたことがあった。パパは「知らん」と答えていた。パパが亡くなったとわかった後、その写真が会社のパパのロッカーから出てきた。会社の人から届けられたその写真を見て、細川は涙を止められなかった。

一方で細川は、パパの葬儀を終えた頃、「自分でもちょっとおかしかった」という。

「パパが死んだという実感もないし、何もかも、なかったことにしたいくらいでした」

細川は、パパがいた家に住みたくなくなって引っ越した。介護の仕事も辞めた。そして引きこもった。

それまでは、パパがどこかで生きているかもしれないという思いがモチベーションだったが、それが切れて何をする気にもならなかったという。そんな状態が3か月ほど続いた。

その後、介護の仕事だけでは生活を維持するのが難しく、細川が復活したのは夜の街だった。また1年ほど働いたが、「だんだん冷静になってきて」職種自体が自分には合わないと思うようになり、辞めてしまった。

4 ネイルサロンを経営する

細川は知人の紹介で、保険外交員の仕事を始めた。この頃、宗太郎は支援学校の小学部に入学している。細川は21歳、次第に宗太郎や家族の将来を考えるようになっていった。

それはすなわち、宗太郎ばかりでなく、母親はいずれ年老いていくし姉も病弱だから、そう遠くない将来、自分が3人の面倒をみるときが来るだろう。そのときに、大人になった宗太郎が利用できる障害者サービスが地域になくても暮らしていくにはどうしたらいいか——、ということだった。

そして、どんなに給料がよくても、外に働きに出たらその間の面倒はみられない。ならば自宅でできる仕事で、それも現場に出なくても稼げるオーナーになればいいのではないか、と考えた。

それにピッタリの職業だと思い当たったのが、ネイリストだった。当時、ネイル業界は右肩上がりで、職業としても注目を集めていた。ネイリストにはＮＰＯ法人日本ネイリスト協会が定めた資格がある。

高卒でなくても実技試験と筆記試験に合格すれば取得できる。実際に自宅でサロンを経営している人もいる。がんばればオーナーになれるかもしれない――。

以来、宗太郎が高等部を卒業するまでにオーナーとして食べていけるようになること、それが細川のモチベーションになった。

細川は、午前に保険の外交をする傍ら、午後にネイリストの半日スクールに通った。そして資格を取得し、保険外交員を辞めてネイルサロンに就職した。23歳のときだった。

この頃細川は、母親と姉の2人と別居して、宗太郎との2人暮らしになった。宗太郎が支援学校に通い始めたことで、時間的に余裕もできたからだった。

ネイルサロンで2年修行した細川は25歳のときに、同僚をさそって独立した。自分でもネイリストは天職だと思ったそうだ。ほかにもスタッフを4人ほど育てながら、先頭に立って働いた。

店は圧倒的な技術力が売りだった。上手なネイリストがつけたネイルアートは、見た目にもきれいで、まず取れることはないという。そこには自信もあった。だから周囲と比べて高額だったが、客は口コミで広がった。

朝9時から夜10時までの営業だった。細川は毎朝6時に起き、宗太郎をバスで支援学校に送り出して出勤すると、9時から予約客に施術した。宗太郎は放課後等デイを利用していたが、夕方6時に帰って来る。細川はいったん帰って夕飯を準備し、風呂に入れ、宗太郎が寝てからまた店に戻り、夜の予約客に施術した。帰宅が午前3時、4時になることもしばしばという生活だった。

さらに日曜日や休日も、宗太郎を母親と姉に頼んで働いた。こうして3年ほどは、1日も休んだ記憶がないという日々を過ごした。

あるとき細川は、パタリと立ち止まった。ネイルサロンはうまくいっていたが、「やってもやってもオーナーになれる気はしなかった」という。めざす収入を得るには、3店舗ほどは展開しなければならないようだったが、技術力を維持しながら規模を広げるのは難しかった。

さらに、気がつけば宗太郎は中学部に通い始めていた。家で暮らすのが一番いいと思って走ってきたが、高等部を卒業後、18歳の息子と毎日家にいるのが本当に幸せだろうか、という疑問も出てきた。当時地域には、常に介護が必要な大人の障害者が利用できるデイサービス＝生活介護ができていた。けれども満員が見込まれて、宗太郎は行くところがない、という状況に直面しようとしていた。

こうして再び将来を模索し始めた頃、同じように障害のある子を育てる母親に「こんな人がいるよ」と教えられたのが鈴木だった。細川は鈴木を訪ねて行った。2017年、29歳の夏だった。

遊園地のメリーゴーランドにも人工呼吸器ともども
（NEST 提供）

5 重症児デイサービスへの大転換

鈴木の話を聞いて細川は、子どもの成長に合わせた生活の場を創る、という展望を見つけた思いだった。が、細川の経歴を聞いた鈴木の表情は曇った。

「無理だ……。重症児の経験がある、もしくはママ友がいる、あるいは看護職とか何かの配置に入れる職種じゃないと、さすがに難しいぞ」

けれども、一瞬でも垣間見た宗太郎との将来を、細川はあきらめられなかった。それからネイルサロンの仕事の傍ら、鈴木の〝追っかけ〟を始めた。鈴木の講演日程などを独自に調べて必ず聞きに行き、そのたびに鈴木を驚かせた。見ておくといいといわれた施設も、すべて見学に行った。

「ママ友もいないし経験もないけど、理事長の応援があったらできると思います」

鈴木に会うたびに、細川はいい続けた。確かに子育ては母親や姉に頼った部分が大きいが、自分は子どものために生きてきた、ということには自信があった。そして東京でのある講演会に行ったとき、ついに鈴木から「がんばれ」の言葉を勝ち取った。

秋になると、ネイルサロンをスタッフに任せ、細川は研修を兼ねて既存の重症児デイサービスで働き始めた。次には店の営業権を譲渡して開業資金を調達し、店も辞めた。片手間ではなく、専念する姿勢を示したかったという。そして翌年春、ＮＰＯ法人を設立して重症児デイサービスの準備を本格化させた。

しかし、越えるべきハードルは多かった。まず、「立ち上げをやめてほしい」「あなたなんかにできるわけがない」など、重症児デイ開設そのものへのクレームがあった。鈴木のもとにも「支援をやめてほしい」などのメールが届いていた。

「パパが死んでしまったことは周りの人は知らなかったし、若いときに子どもを産んで母や姉に助けてもらって生活をしていた私が、周りの保護者の人たちにどう見えていたかは、ずっと感じていました。きっと、子どもを放ったらかして好きなことをやっている人……、という感じだったと思います」

細川は鈴木や、尾張旭市で同じように重症児デイを立ち上げた重症児のママで、すでに3年目に入っていたNPO法人「にこまる」の廣中志乃代表理事の応援を得て、講演会を開催した。細川も自らの生い立ちや、子どもたちに楽しく豊かな生活を送ってほしいという事業所開設への思いなどを語った。60人ほどの参加があり、細川自身が励まされる講演会になった。

スタッフの確保も大きな課題だった。細川は周囲の人たちに「助けてください」と、必死で思いを伝え続けた。すると「知り合いが福祉関係者だから紹介してあげる」などと紹介され、その人からまた紹介されるなど、つながりが広がっていった。

そうしたなか、NICUや小児科、訪問看護

お風呂で最高の笑顔（NEST 提供）

などを経験した看護師のほか、生活介護や相談支援などさまざまな経験のある人たちがスタッフとして集まった。

２０１８年8月のスタート後は、利用者確保に苦しんだ。東海市では、重症児デイサービスはなかったが、訪問看護や訪問介護を利用していた。なかでも入浴ニーズは高く、すでにそのスケジュールが日中に入っていれば、デイサービスを利用するのは難しかった。

そこで、入浴設備を増設した。資金の半分はクラウドファンディングで調達した。結果的に目標を超過する１６８万円が集まった。入浴があることで既存利用者の利用回数増につながった。ただし、すぐに利用者が増えたわけではない。細川は待った。ようやく利用者が増え始めたのは、それから半年ほどしてからだった。いまはお風呂で子どもたちの笑顔が弾けている。

6 さらに重症児・者らの地域生活を支えるために

いま、送迎で午前10時に事業所にやって来た子どもたちは、まずバイタル測定をして顔の清拭と口腔ケアを受け、さっぱりして活動を始める。そして朝の会が始まる。スタッフが一人ずつ名前を呼んであいさつをする。その後2曲ほどスタッフらが踊る。当初3か月ほどはまったく反応がなかったという。それでも根気よく同じ曲を続けていると、次第に子どもたちに笑顔の反応が見られるようになった。

それが終わると午前は少しゆっくりする。お風呂に入る場合もある。お風呂は午後のときもある。

昼前になると「お昼の歌」をまた1曲踊る。曲に合わせて口腔マッサージ。そして昼食になる。

午後の活動は季節によっても企画する。夏には「夏まつり」としてプールにも取り組んだ。もちろん子ども用のビニールプールだが、真夏には朝から水を入れておくと昼頃にちょうどいい加減になっている。人工呼吸器をつけた子など、人生で初プールという子どもたちも少なくなかった。

「プールに入った日はお母さんに喜ばれるんですよ。よく寝られるって……」

と細川。そして午後3時からはおやつの時間だ。その後は帰る準備が始まる。学校がある日は午後3時から放課後等デイの子どもたちが加わり、送迎も重なってけっこうバタバタと過ぎていく。

こうして、現在はおおむね安定的な状態に至っている。細川はしみじみと振り返った。

「自分が何もできないところに立つと、助けていただいた多くの人たちや現場のスタッフ、そして利

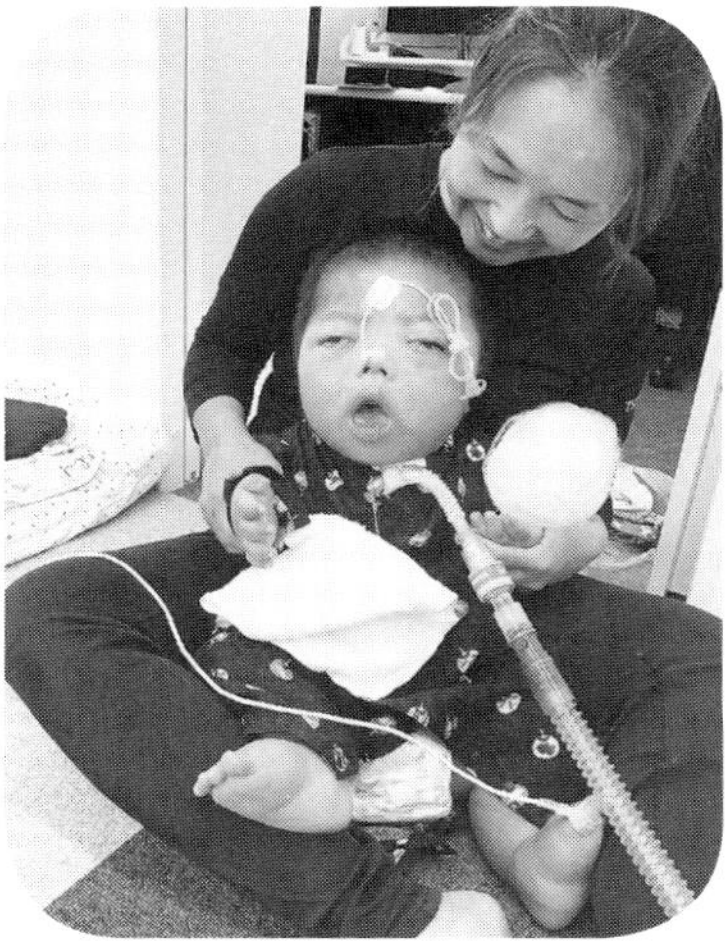

夏まつりに綿菓子機でつくったわたあめをもって（NEST 提供）

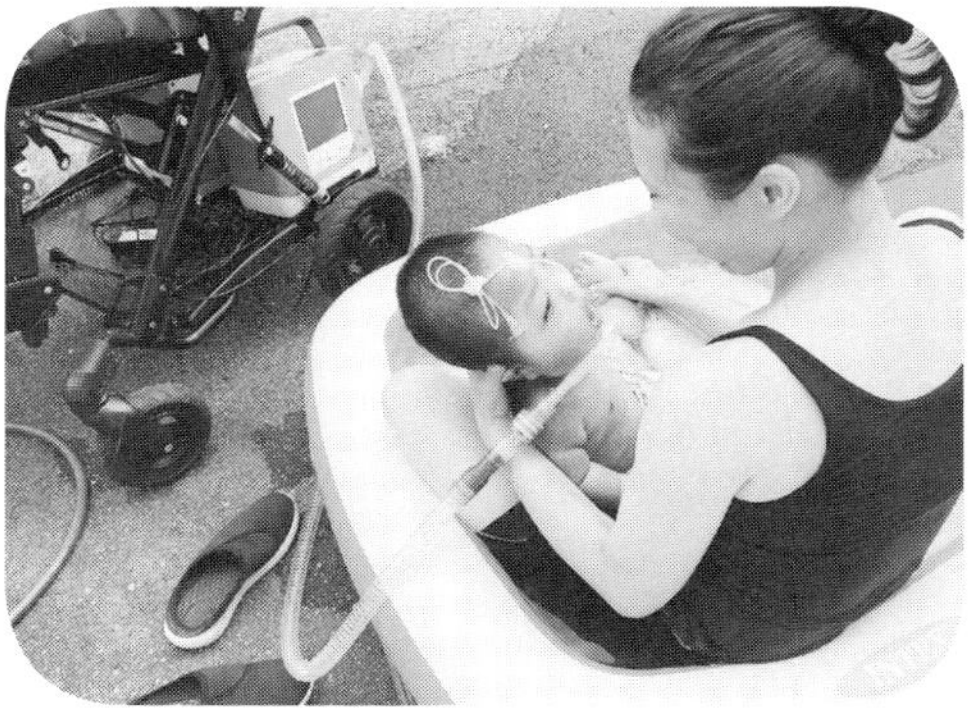

人工呼吸器をつけたままプールもデビュー（NEST 提供）

用者のみなさんを、心からありがたいと思えます。その気持ちを大事にして、子どもたちにつなげていきたいと思います」

さらに2020年春、細川は同じ場所で18歳以上の重症者を主な対象にした生活介護をオープンする。実は細川は最初からこの予定で、事業所は広めのスペースを確保していた。この点では先行するほかの事業所より抜きん出ていた。だからお風呂の増設も、その一部前倒しとしてできたのだった。

児童発達支援、重症児デイに生活介護が加わることで、サービス対象が未就学児から大人までつながる。細川はこれを軸に重症児・者らの地域生活を支えていこうとしている。

CHAP 5

全盲・重複障害児の母の未来予想図

NPO法人みらい予想図・山崎理恵（高知県高知市）

「ママ、ママ……、いる?」

「うん、いるよ」

山崎理恵は、すぐ隣で専用の車いすから手を伸ばす二女の音十愛《おとめ》の手に触れた。中学生の音十愛は、生まれたときから全盲だ。彼女は安心したように、今度はパンパンパパンパンパンパパン……、と手をたたき始めた。盲学校で習った「パプリカ」だ。

「ママー、リズムいいねえ。あははは……」

この日山崎は、高知から車で音十愛を連れて名古屋に研修に出かけた。食事で訪れた名古屋駅近くの

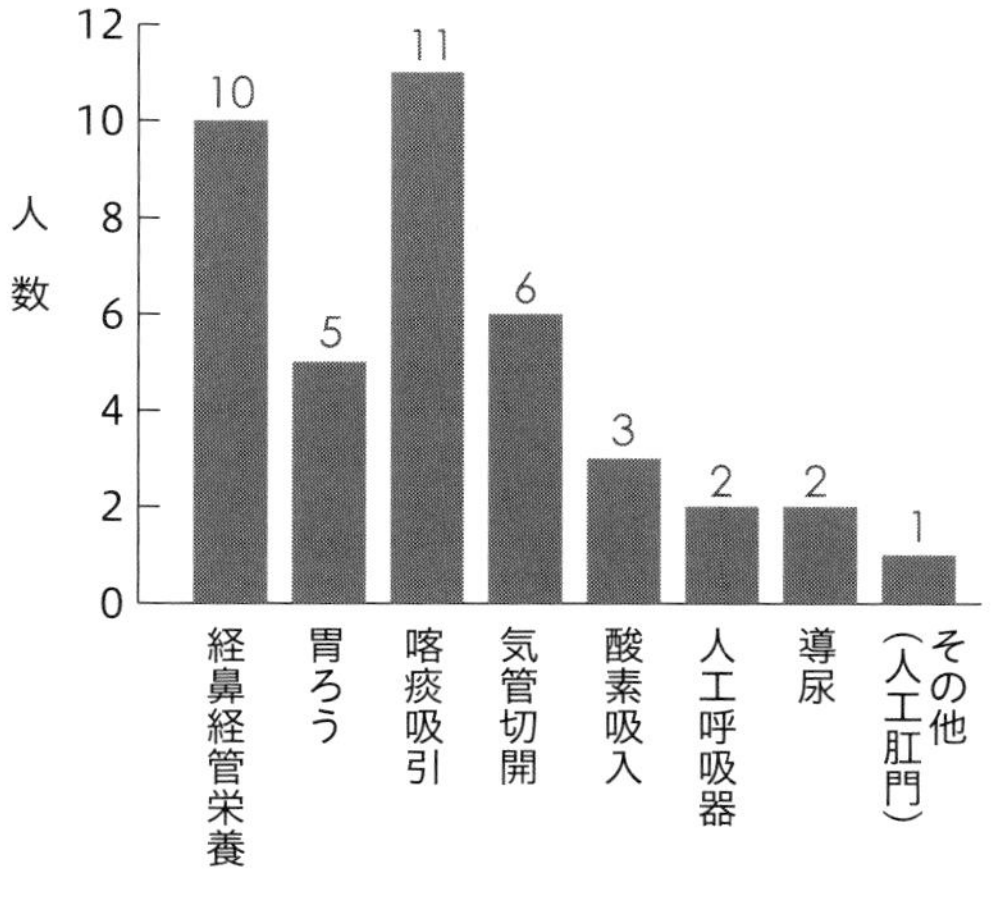

「いっぽ」利用者の医療的ケアの状況
（1人で複数あり）

にぎやかなレストランでのことだ。音十愛はご機嫌だった。

ゴルツ症候群――。その病名がわかったのは音十愛が1歳頃のことだった。遺伝子の突然変異による奇形症候群だという。日本国内では300人超の患者が確認されているが有病率はいまだ解析中という難病で、根本治療法はないとされる（公益財団法人難病医学研究財団・難病情報センター）。

そのため、音十愛には眼球が形成されなかった。ほかにも口唇口蓋裂や手足の形成不全もあった。内臓にも病気を抱え、知的にも遅れが認められた。子育ては必死だった。たくさんの人たちの支援を受けた。それだけに、いまの音十愛を山崎は「夢のようだ」という。

だから山崎は、どうすればその恩返しになるのかと模索した。その山崎の心に「ズドーンと入って来た」のが、「なければ創ればいい」という鈴木由夫代表理事の言葉だった。

そして山崎は2017年4月に高知市内でNPO法人「みらい予想図」を設立、同年9月から重症児デイサービス「いっぽ」を始めた。現在は18人のスタッフとともに、重症児主体の児童発達支援、放課後等デイサービス、保育所等訪問支援、居宅訪問型発達支援の各事業を行っている。1日の利用定員は5人（最大7人）、利用契約は21人、うち16人に医療的ケアが必要である。

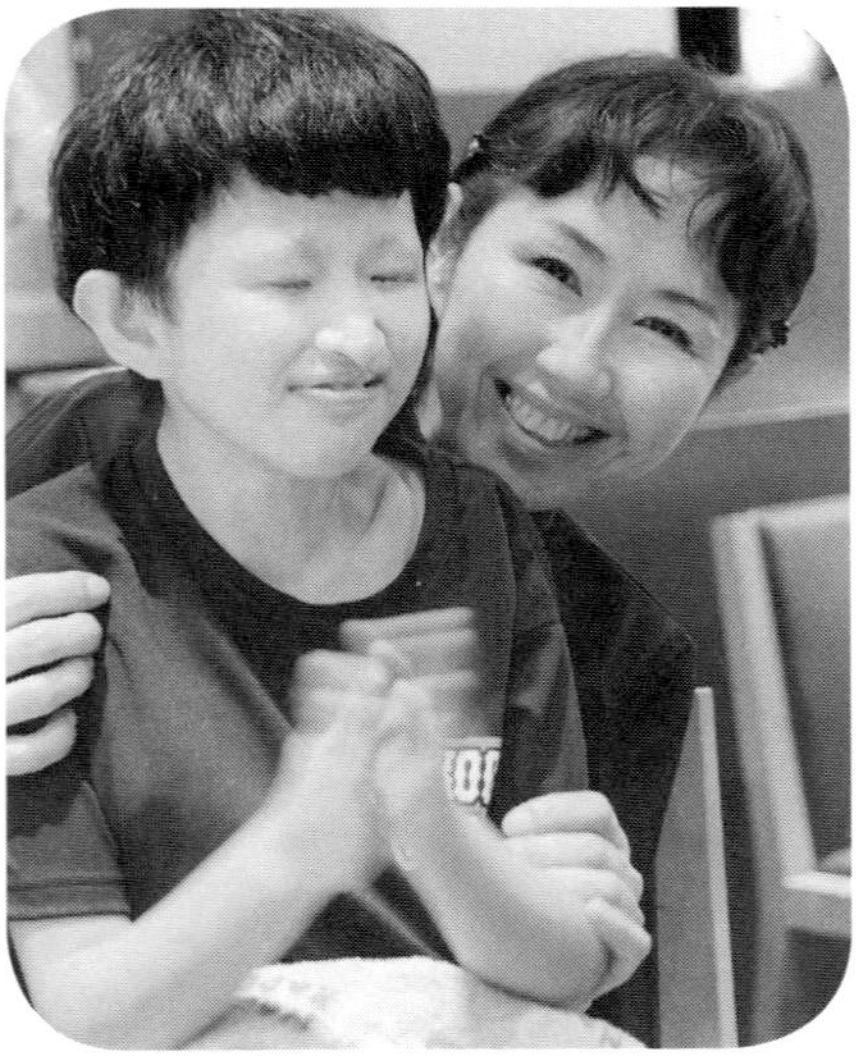

山崎理恵（右）と二女の音十愛

「人生に仕組まれていたかのような出会いが、いつもグッドタイミングでやって来るんですよ」

と山崎はいう。振り返ればそれには、大別して4つの節目があったと思われる。

1 音十愛の誕生――人生を根底から変えた出会い

山崎が郷里の香川県高松市から高知市に越して来たのは、夫の転勤に伴ってのことだった。当時まだ就学前だった長男長女とともに、一家は夫の実家に同居した。看護師で介護支援専門員（ケアマネジャー）でもある山崎は、高知市内の病院の療養型病棟に勤務した。

2005年1月、ほしかった第3子の音十愛が誕生する。名前の由来はもちろん坂本龍馬の姉「乙女ねえやん」だ。臨月で、さらに正産期とされる妊娠38週目だった。ところが定期検診で羊水過少がわかり緊急入院、2日後に帝王切開での出産になった。2166グラムと未熟だった。

2日後に初めて見たわが子にはたくさんのチューブがつながっていた。医師は、口唇口蓋裂や手足にも異常があること、脳や内臓の異常は成長次第でわからない旨を説明し、さらにこう告げた。

「実は目がないんです」

山崎は泣き崩れた。心当たりがいくつも浮かんだ。上の2人は安産だったから、妊娠初期に出血があったが、深夜勤を含め予定日の1か月前まで働き続けた。台風のときは冠水した道路を腹部まで浸かって帰宅したこともあった。環境が変わってのストレスもあったかもしれない……。後に遺伝子の突然変異が原因とわかるが、それでもこれらが「無関係とも証明されていない」と山崎はいう。

「やっぱり、自分が原因をつくっちょったんかもしれん、というのは思います」

いまもこう話す山崎は当時、自分を責め、泣いた。一生の涙の半分以上を流したと思うほどだった。その山崎を夫は「3人も産んでくれてありがとう。この子は自分たちを選んで生まれてくれたのだから、一生懸命育てていこう」とねぎらった。病院の助産師にもいろいろな悩みを聞いてもらった。おかげで山崎は気持ちが救われたという。

2か月半ほどで退院。自宅での子育てが始まった。5キロになって口蓋裂の手術をするのが最初の目標だった。けれどもそれは想像以上に高いハードルだった。

音十愛はミルクがうまく飲めず、経鼻チューブで入れてもすぐに吐き出した。ホッツ床という口腔と鼻腔を分離する装具を調整して口から飲めるようになったが、やはりすぐに吐き出した。胃から逆流するのだ。その上音十愛は自傷が激しく、昼夜を問わず泣き叫んだ。夜も寝なかった。残業の合間を縫って兄と姉の面倒をみていた夫と交代で、朝まで音十愛を抱いていたこともしばしばだった。体重はまったく増えなかった。夫婦はクタクタになっていった。

視覚以外で外界を感じるしかない音十愛にとって、誰かに身体を触られるのはたいがい痛い目にあうときだった。たとえば、激しく動くため鼻のチューブはすぐに抜けた。山崎が馬乗りになって再挿入する。苦しくて音十愛は泣き叫んだ。一時試した義眼は、細菌感染を避けるために定期的な洗浄が必要だった。吸盤で義眼を取り出すときに目尻が切れる。これも痛かった。しかも毎日だった。

音十愛には、触られることが恐怖だったに違いない。だから自分以外のものを拒絶し、頭を床にたたきつけたり耳をたたいたりすることで、自らを確認していたのではないかと思われた。時には耳が切れ、血まみれになってもただれても、こうした自傷をやめなかったという。

1歳前後に腎臓の具合が悪くなって約2か月半入院。その間にゴルツ症候群と判明した。また、結局2歳前になってようやく口蓋裂の手術を受け、口のまわりがきれいになった。さらに、2歳8か月頃にも心筋症を患ったが、2か月間の入院で乗り越えた。

2 劇的な変化——腹をくくってさらけ出す出会い

音十愛は生後8か月から週1回、県立盲学校の早期教育相談「ひまわり教室」に通っていた。3歳になれば当然幼稚部に通えるもの、と山崎は思っていた。ところが「鼻腔チューブの入った医療的ケアの必要な子は前例がない」と、県教育委員会の門前払いにあった。

山崎は、自傷行為が続く音十愛の興味をどうにかして外に向けたい、その力を専門の先生に授けてほしいと考えていた。だから「医療的ケアが必要というだけで教育が受けられないなんて……」と納得できなかった。そんな山崎に〝秘策〟を授けたのが「ひまわり教室」の樋口京子教諭（現NPO法人みらい予想図理事）だった。

「どうしても幼稚部に行かせたいなら、母親大会で話してみれば」

母親大会は「生命《いのち》を生みだす母親は生命を育て生命を守ることをのぞみます」をスローガンに

1955年から続く運動で、母親の立場からさまざまな問題に取り組んでいた。教育関係者や母親たちが運営し、全国規模の「日本母親大会」のほか各都道府県でも大会が開かれていた。

意見発表が重点項目に選ばれると県交渉の道が開けると聞いて2008年夏、山崎は高知県母親大会の障害児者問題分科会に参加し、状況を訴えた。すると「これは音十愛ちゃんだけの問題じゃない」と、対県交渉の要求項目に入ることになった。新聞投書もすすめられ、一生懸命考えて原稿を書いた。署名運動も始まった。さらに「音十愛さんの県立盲学校幼稚部入学をすすめる会」が立ち上がった。状況の変化は劇的だった。

同年秋、高知市内のひろめ市場前で行われた街頭署名で、「やっぱりお母さんが直接いわないと」とうながされ、山崎は生まれて初めて人前でマイクをもって訴えた。

「もう、ドキドキでした。でも私、腹をくくったんです。ただただ『重い障害があっても、成長、発達の大切な時期に、専門教育の場を与えてほしい』ってくり返し訴えました」

最終的に2万2000筆超の署名が集まった。新聞の投書も反響を呼んだ。

こうしたなか、県教委交渉の末に音十愛の入学が実現した。盲学校には看護師が配置され、午前中

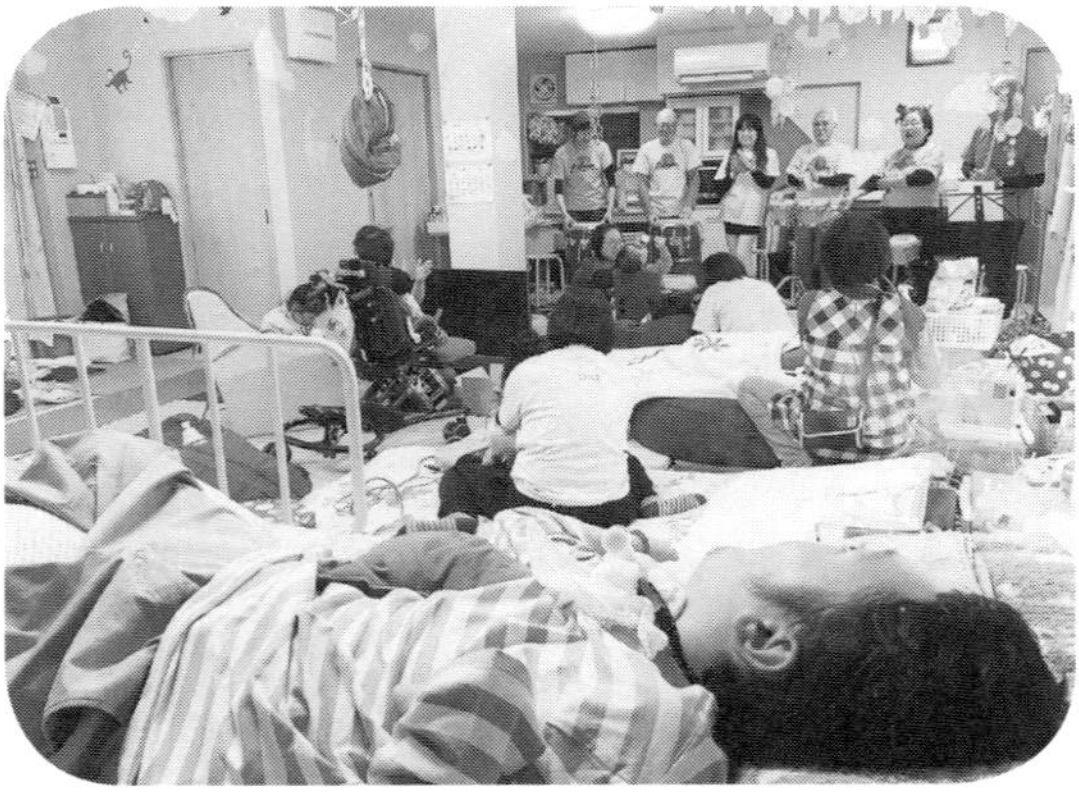

楽しい太鼓の演奏会。みんな太鼓が大好き。最年長のお兄ちゃんも、一番後ろで太鼓の振動をしっかり感じていた（いっぽ提供）

の2時間だったが幼稚部に通った音十愛は、目を見張る成長を見せた。

「生活のリズムが整ったせいか自傷行為が減り、夜はよく眠ります。帰宅後も歌（学校でならった）を口ずさみ、要求する言葉が出てきました。先生方の丁寧なご指導には頭の下がる思い……」

と、山崎は新聞投書で状況を報告していた。

③ 新聞連載——運命を探す出会い

音十愛は盲学校幼稚部入学後、胃からの逆流を防ぐために噴門部（胃の入り口）を縛って細くする手術を受け、併せて胃ろうを造設した。経鼻チューブを卒業し、口から食べる練習をするためだった。ところが術後、生死の境をさまよったり嘔吐症に悩まされたりして、入院は7か月におよんだ。

幼稚部を卒業すると、音十愛は隣の南国市にある若草養護学校土佐希望の家分校小学部に入学した。放課後は土佐希望の家のデイサービスに通った。4年生のときに盲学校に転校。このときから放課後は、いまも「幸のつどい」のデイサービスを利用している。

この間に、夫が体調を崩して休職した。仕事があまりに忙しく、精神的に追い込まれたようだった。家計は逼迫した。

夫の休職から半年後、音十愛が小学部に入って時間的余裕も生まれたことから、山崎は自宅でできる内職的な仕事を始めた。その2年後には大学医学部の研究助手の仕事を得た。さらに兄や姉の少年スポーツ活動などにも付き添った。山崎の生活はフル回転になり、慢性的な睡眠不足に陥った。

２０１５年春、夫婦は結局離婚した。山崎は長女と音十愛を引き取った。小さなアパートに引っ越して新生活を始めたが、山崎はすぐに限界を越えてしまった。先輩ママにＳＯＳ。その手配で、以前もレスパイトで利用していた土佐希望の家のショートステイを、２か月利用できることになった。

この長期の母子分離が思わぬ効果を生んだ。土佐希望の家では全職員がローテーションで対応して音十愛の特性をつかみ、音十愛も職員の声を覚えた。音十愛はどんどん「お姉ちゃん」になっていった。単発ではなく継続利用だったからこそのことだった。山崎も体調を回復し、中学2年生になっていた姉の相手を存分にすることができた。

その一方で山崎はこの際、高松に帰ろうと考えていた。仕事も年度末で辞めることにした。その区切りにしようと思ってこの年秋、自らも所属する全国重症心身障害児（者）を守る会四国ブロックの研修会で、シンポジストを引き受けた。そこで山崎は、音十愛が生まれてからの体験を約30分にまとめて語った。

そのシンポジウム会場にたまたま座っていたのが、高知新聞の掛水雅彦記者だった。同記者は「これは神様が、（1年前の在宅超重症児家庭の連載「眠れぬ母たち」の）続編を書かせるために引き寄せたとしか思えなかった」と振り返っている。１か月後、山崎は連載取材の打診を受けた。

11歳の誕生日前後に音十愛が1人で少し歩けるようになった２０１６年、連載は5月と6月の２部編成で21回（翌年の第3部、第４部も含めると44回）におよんだ。そのなかで山崎が「絶対に載せてほしい」と注文したのは、音十愛を社会から隔離すべきではない、ということだった。

音十愛が小さい頃から、山崎は積極的に彼女を連れて外出した。「親が悪い」「気持ち悪い」など〝言葉のナイフ〟が飛んで来た。しかし、家に遊びに来る兄姉の友達は「おとめちゃーん」「かわいいねえ」と普通だった。そこから「いつも見ていれば普通。隠していたら兄姉にも悪い影響が出る。堂々としなくては」と教えられたという。

連載により「読んで涙が出た」「私の人生に勇気を与えてくれた」などと声をかけられた。講演依頼や雑誌取材も相次いだ。それらのことが山崎を高知に留まらせた。

「よくがんばったといわれ、私も改めてすごくがんばったと思いました。自分のなかに自信も芽生えたように思います。でもそれは助けてもらった人がいたからです。そうでなければ子どもと共倒れしていました。うつにもなりましたし……。だから何かを返したい。やっぱり高知は捨てられん。でも何ができるのか、自分には何ちゃあできん……、とずーっと模索していました」

仲よしの子どもたち。マットでコロコロしながらスキンシップ（いっぽ提供）

4 「なければ創ればいい」――未来予想図を見つけた出会い

山崎がインターネットで同じ重症児のママの投稿に目を止めたのは、このタイミングだった。2016年夏、重症児デイサービスが「なければ創ればいい」という鈴木の講演会を告知していた。

「これだ!」

山崎はすぐに、鈴木を迎えた小規模講演会を連続で2回、高知市で企画した。話を聞いて山崎は「やれるかもしれん。自分がやらなければ」と再び腹をくくった。

実はこのとき山崎母子3人の家計は大ピンチ。銀行預金は底をつき、家賃も2か月滞納、ガスも電気も水道も止まるという窮地だった。それにもかかわらず、開業に1000万円は必要という事業に動いたのは、「それまでモノクロだった人生の設計図が一気にカラーになった」からだった。

「音十愛のときもたった一つ、経鼻カテーテールを入れているだけで単独で預ける場所はほとんどありませんでした。まして人工呼吸器などをつけていたら絶対に無理。そういう場所は高知にもまだまだなく、お母さんたちが疲弊していたのです。そういう子のための施設をつくったら、どんなに重症な子でも受け入れられるんじゃないか、と思いました」

収入確保と研修を兼ね、山崎はこの年10月から翌2017年7月まで、音十愛が利用する「幸のつどい」で働いた。その間にNPO法人を立ち上げた。さらにさまざまな研修を重ね、人材や物件確保などの準備をすすめて同年9月、重症児デイサービス「いっぽ」をスタートさせた。

そのスタートに向けて、たくさんの人たちの力が集まった。

最初の理解者は樋口元教諭だった。山崎に母親大会の〝秘策〟を授けた音十愛の恩師だ。すでに退職していて、山崎といっしょに鈴木とも会い、ともに心を踊らせてNPO法人の理事も引き受けた。「いっぽ」がオープンしてからは児童指導員としてスタッフに加わり、発達の視点で日々の活動を組み立てる役割を担っている。

法人設立に際しては、最も重要だった申請等の事務全般に関してただ1人、山崎とともに奔走した母親がいた。そのおかげで乗り切れた、と山崎は強調する。

「NPO法人の設立も事業をするにも、申請手続きが大変です。私はそのへんが全然ダメなんですよ。彼女がいたからこそ立ち上げられたんです」

重症児の経験が豊富な看護師や理学療法士らとの出会いも幸運だった。山崎も看護師だが、高齢者専門だったから、音十愛以外の重症児には不安があったそうだ。こうした心強い専門職らが「いっぽ」の核になっていった。

「いっぽ」の前で

「お母さんは、私と知り合いだからというだけでは利用しません。なぜなら、命を預けるからです。安心できるかどうかが一番。そこを見極めてもらううえで、スタッフの仕事ぶりは決定的だと思っています。安心できるスタッフに恵まれて、本当に助かっています」

資金確保も大きなハードルだった。借り入れに加えて当時、月に2~3回あった講演の機会に、山崎は必ず募金箱を持参して寄付を訴えた。講演は県内市町村での母親大会のほか、社会福祉協議会などが開く社会福祉大会や小・中学校で話すこともあった。それらに山崎は、いつも音十愛を連れて行った。

「横でじーっと椅子に座ってくれているがです。私の話だけでは絶対に響かないけど、音十愛がそこにいることで、話にものすごく重みが出ました。それは本当に感じました」

音十愛は最初の頃、20分ほどで泣いてしまったという。けれども、山崎の話を横で聞きながら回を重ねるにつれ、舞台上にいる時間が増えていった。ディスカッションも含めて2時間におよぶ場合もあるが、音十愛は最後まで〝舞台〟を務められるようになった。

そうした奮闘の結果、寄付は山崎の予想をはるかに超え、大口も含めて総額3千数百万円に達した。新聞、雑誌やラジオなどメディアの影響もあったようだ。

「もうビックリです。私がしたいことはこれから絶対に必要なことだということが伝わったのだと思

土曜日はパパとママを妹2人にゆずり、「いっぽ」で大好きなハンモックでご機嫌（いっぽ提供）

いました。同情ではなく『本当の意味で自分が支援するものが見つかった』と涙を流されました。何度もくり返すうちに、何かの役に立ちたいと考えている人は世の中に必ずいて、誰を支援すべきかを見極めているのだと感じました。本当にありがたいと思います」

いまも節目のたびに山崎母子の記事を書いてフォローしている高知新聞の掛水記者は、当時の盛り上がりを次のように振り返っている。

「信じられない展開でしたね。僕は無謀な挑戦だと思っていました。それだけ山崎さんの生き様が県民の心を揺さぶったのでしょう。みんな、応援したい気持ちはあっても、誰を応援していいかわからない。山崎さんは、そんな人々の思いを強烈に引き寄せたんだと思います」

5 外に出てきた子どもたち

重症児デイサービス「いっぽ」は現在、高校生2人、中学生2人、小学生10人と未就学児7人が利用している。比較的小さな子どもたちが多い。

また、それまで学校以外では訪問系の在宅サービスしか利用したことがなかった子どもたちも、「いっぽ」でデイサービスを利用し始めている。

病院併設の支援学校高等部に通っていたある男の子もその1人だった。側彎と拘縮が強い上に、大きなてんかん発作が頻発する子だった。言葉は発せない。人工呼吸器こそ使っていないが、気管切開をして人工鼻をつけていたほか、胃ろうを造設していた。身長は160センチほどになり体重も40キロ近くあって、オムツを替えるにも介護者の負担は大きかった。

母親はその責任を一身に背負っていた。わが子を他人に預ける勇気はないのではないか。この親子と接するなかで、ママ友だった山崎にはそう見えた。学校でもずっと付き添っていたという。

「いっぽ」はその子の自宅の近所だったこともあり、山崎は「試してみない?」と声をかけた。その子はプレオープンに参加し、オープン後は放課後等デイサービスの最初の利用者の1人になった。当初こそ発作の様子と対応を見極めるために母親の協力を求めたが、その後は完全に預けてもらった。その子も1か月ほどでなじんでいった。

「『いっぽ』から帰ると表情がとてもいいんです。顔がほころんだり笑ったりします。すごく楽しかったんやなと、身体を見たらわかります」

と母親に喜ばれた。身体の緊張の度合いが違うのだという。ただ、高等部を卒業して、残念ながら2019年度から「いっぽ」は利用できなくなった。母親からは、18歳以上でも利用できる生活介護サービスを期待されている。

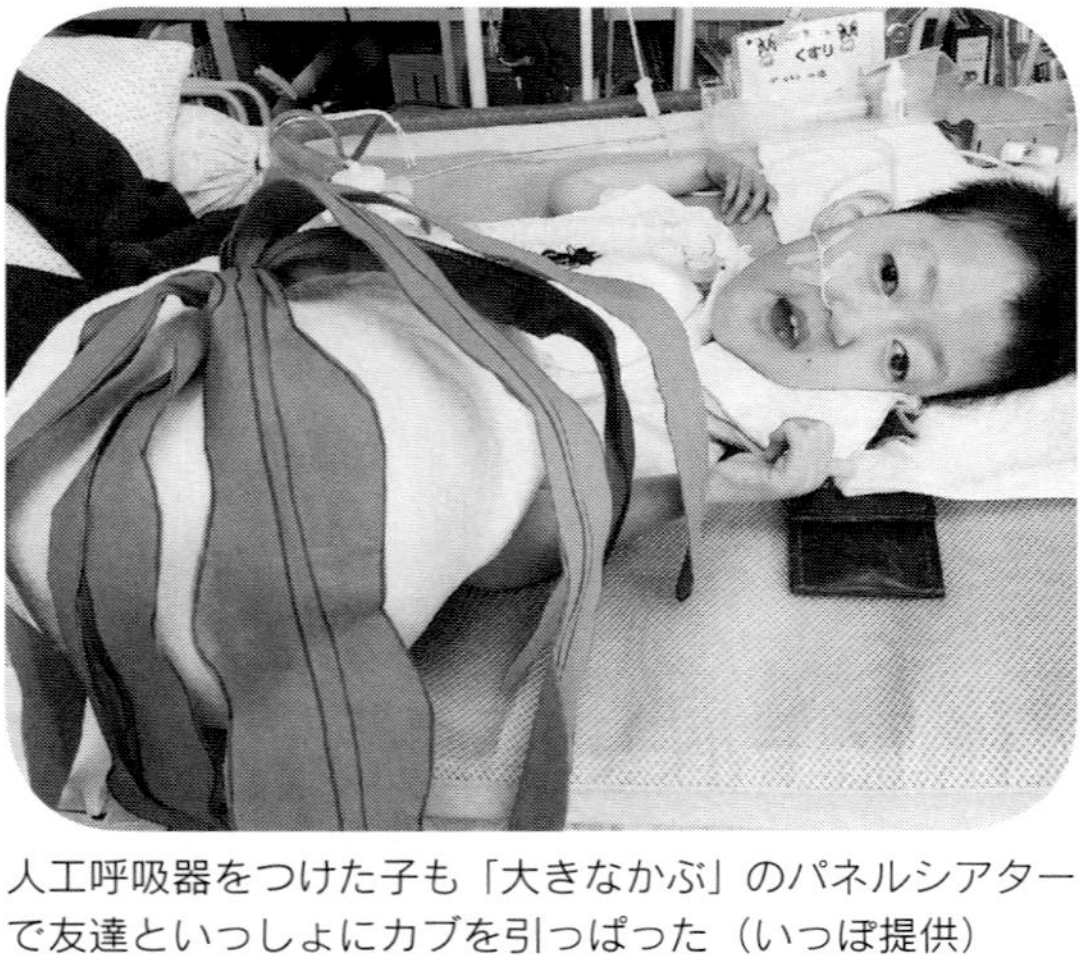

人工呼吸器をつけた子も「大きなかぶ」のパネルシアターで友達といっしょにカブを引っぱった(いっぽ提供)

ある小学生の男の子も、それまでサービスを利用したことはなかった。山崎はその母親と、病院の受診時によく顔を合わせて知り合っていた。そして「一度見学に」と誘ったことから利用が始まった。その子は医療的ケアの必要はなかったが、当初はピアノなどのオモチャにしか興味を示さず、ずっと1人で遊んでいた。それが、同年代の子どもたちと接するなかで、友達のところにゴロゴロと寄って行く姿が見られ、それまで見られなかった笑顔も出るようになってきた。母親にも「『いっぽ』を利用してよかった」と喜ばれている。

「いっぽ」はまた、母親が働く上での後押しにもなっている。

「いっぽ」を利用することで、母親がフルタイムに近い状況で仕事ができるようになったケースもある。学校を休まざるを得なくなったときは、朝からの利用も受け入れた。支援学校の担任も、様子を見に「いっぽ」にやって来た。こうして「いっぽ」は柔軟に対応できる場所になった。

訪問教育の子の授業を、教師が「いっぽ」に来て行うこともある。これは自宅での訪問教育の実施が難しい家庭を対象にしたもの。協議を重ね、教育委員会の理解を得て、学校・保護者・「いっぽ」の三者による合意で実現した。

「『いっぽ』でいろんな人に柔軟に関わってもらえたことで安心して任せられるようになり、働きやすくなりました」

などと母親らは話しているという。

6 さらに生活介護施設をめざして

音十愛は2019年、盲学校の寄宿舎に入った。以前から希望し続けていたことで、音十愛が口から食べられるようになってきたこと、寄宿舎への訪問看護が可能になったことなどにより実現した。月曜、火曜と木曜は寄宿舎に泊まり、中日の水曜と週末の金曜に自宅に戻る。自宅に戻る水曜、金曜の放課後と土曜、日曜および休日は、以前からの「幸のつどい」と「いっぽ」のデイサービスを半々で利用する生活だ。

NPO法人「みらい予想図」は2019年11月、公益財団法人「糸賀一雄記念財団」から「糸賀一雄記念未来賞」を受賞した。知的障害児のための近江学園、重症心身障害児のためのびわこ学園（いずれも滋賀県）を創設し、「この子らを世の光に」と唱えたことでも知られる糸賀一雄の名前を冠したこの賞は、「障害者または障害者と同様に社会的障壁による『生きづらさ』がある人に関する取り組みが先進的であり、今後の活躍が期待される個人・団体」に授与されている。

山崎はさらに、18歳以上でも利用できる日中の生活介護施設の開設を準備している。

「たとえば私がいま交通事故で死んだら、音十愛にはおそらく施設入所しかなく、地域では暮らせなくなります。そうなると、今日はあそこに行きたいとかここに行きたいという選択もできなくなります。でも地域にいたら、介助者つきで行きたい場所に連れて行ってもらえるでしょう。そういう選択肢がある社会が大事だと思うのです。そうした居場所を地域につくっていきたい」

すでに待っている人もいる。多額の寄付はここに生かすつもりだ。山崎はいま、この未来予想図を現実にすることが最大の生きがいになっている。

〈参考・引用〉

・「音十愛11歳　奇跡の笑顔〜全盲・重複障害を生きる」（「高知新聞」２０１６年5月16日〜6月19日付）、「音十愛12歳　奇跡の笑顔〜全盲・重複障害を生きる」（同紙２０１７年6月11日〜18日付、同年11月29日〜12月9日付）
・掛水雅彦「在宅重症児家庭の姿を伝える意味――連載『音十愛11歳 奇跡の笑顔』取材で知る」「新聞研究」２０１６年8月号（日本新聞協会）ほか高知新聞編集委員掛水雅彦氏提供資料
・山崎理恵「シングルマザーの再出発」「みんなのねがい」２０１６年12月号（全国障害者問題研究会）、山崎理恵「苦しみの中で咲いた笑顔—全盲の重複障碍を生きる娘と母の愛情物語」「致知」２０１７年3月号（致知出版社）
・エフエム高知「Ｍｙスタイルすっぴんトーク」２０１７年8月11・18日
・ＮＨＫラジオ深夜便を記録した個人のブログ「明日への言葉」（http://asuhenokotoba.blogspot.com/）２０１７年11月28日
・公益財団法人難病医学研究財団・難病情報センターホームページ（http://www.nanbyou.or.jp/entry/900）
・公益財団法人糸賀一雄記念財団ホームページ（http://www.itogazaidan.jp/）

PART 2

重症児デイサービスは、こうすれば創れる

CHAP 1

重症児デイから創る地域生活

1 重症児者とは

一般社団法人全国重症児者デイサービス・ネットワーク（以下「重デイネット」）では、重症心身障害児者と医療的ケア児者の総称として「重症児者」、学齢期までは「重症児」と呼称している。よってこれは、重症心身障害児者の単純な省略形ではない。

背景には近年、身体・知的障害がほとんどなくても医療的ケアが必要な子どもたちが増えていて、その子たちも重症心身障害児とともに支援する活動が広がっていることがある。

(1) 重症心身障害児者

日本で重症心身障害児者は、一般に「大島分類」（図表1）で判定されている。これは東京都立府中療育センターの院長だった大島一良氏が考案した分類法。横軸と縦軸でそれぞれ身体障害と知的障害の程度を示すこの表のうち、1～4が重症心身障害児者とされている。

つまり、重度の身体障害と重度の知的障害の両方がある場合だ。児童福祉法第7条2項にも「重度の知的障害及び重度の肢体不自由が重複している児童（以下「重症心身障害児」という。）」と規定されている。

「なければ創ればいい～重症児デイサービスの現状と家族支援～」（前掲）では、これを次のように説明した。

●重度身体障害　食事、入浴、着替え、排泄などすべてに介助が必要となる生活。自力では歩くことができず、座るのも難しい子どもたち。車椅子や身体の支えがないと身体を起こせません。

●重度知的障害　話す能力の発達が弱く、そのため表情、目や発声でのコミュニケーションです。知的に最重度の場合、日常生活動作も困難となります。

走れる	歩ける	歩行に障害がある	座れる	座れない（寝たきり）	IQ
					80
21	22	23	24	25	70
20	13	14	15	16	50
19	12	7	8	9	35
18	11	6	3	4	20
17	10	5	2	1	0

□ 1. 2. 3. 4　重症心身障がい児者
□ 8,9,15,24,25　重度肢体不自由自者

図表1　重症心身障害者（大島分類）

さまざまな医療的ケアとその機器

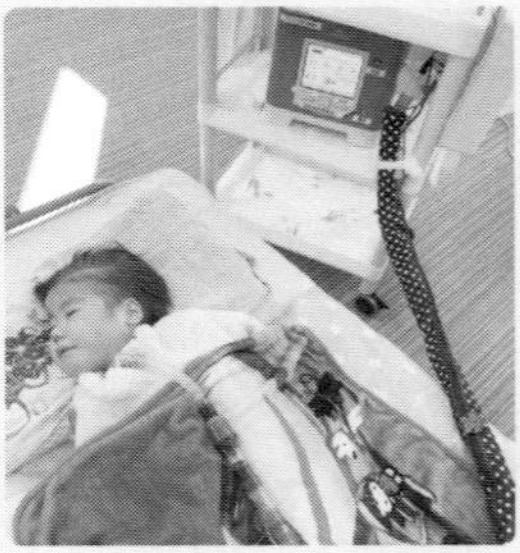

気管切開をして人工呼吸器を装着（kokoro 提供）

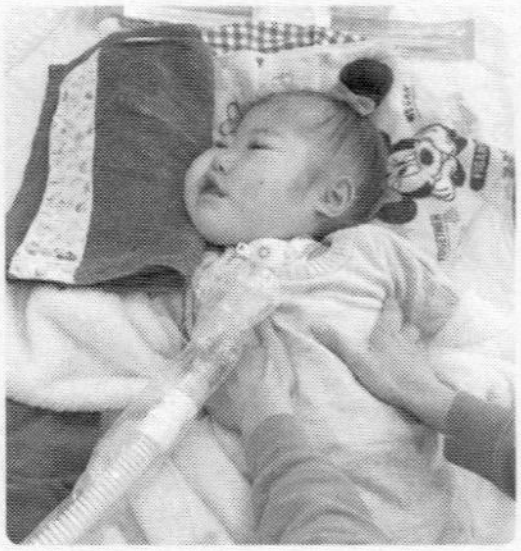

気管切開部よりカテーテルで喀痰吸引（kokoro 提供）

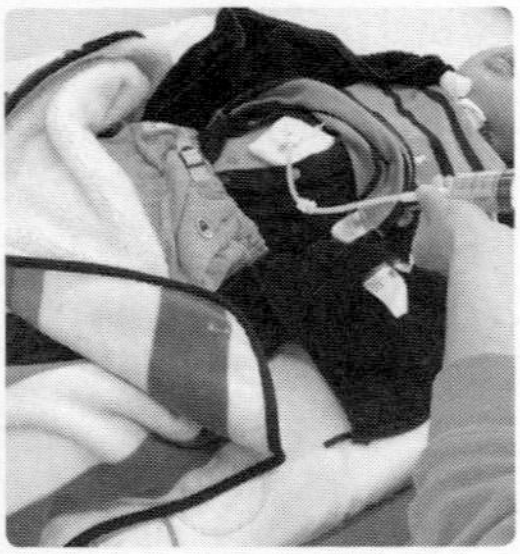

胃ろうから注入する様子
（「おでんくらぶ」提供）

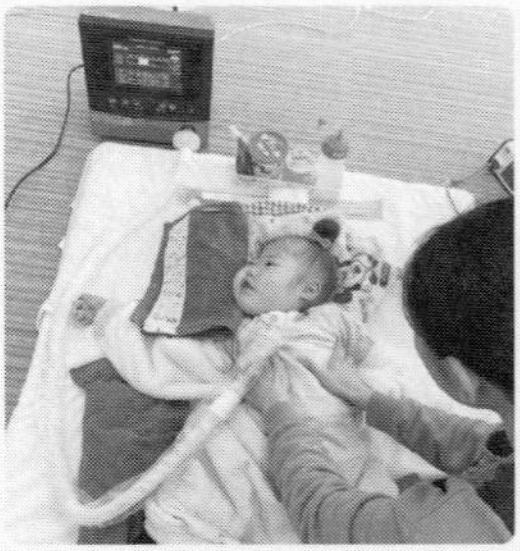

呼吸補助の様子

在宅酸素療法用の
酸素ボンベと酸素濃縮機

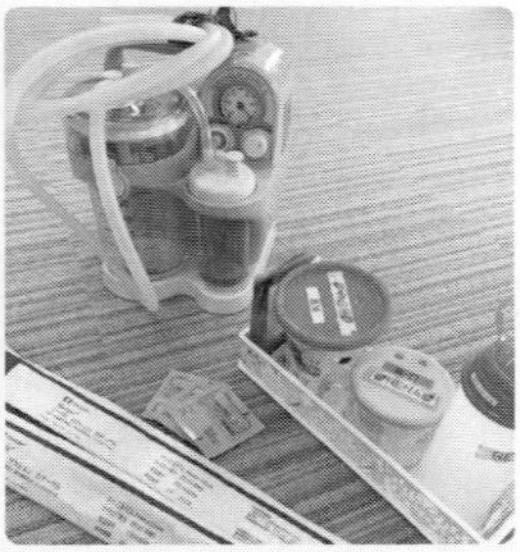

携帯用喀痰吸引器

手動で呼吸を補助する際のアンビューバッグ

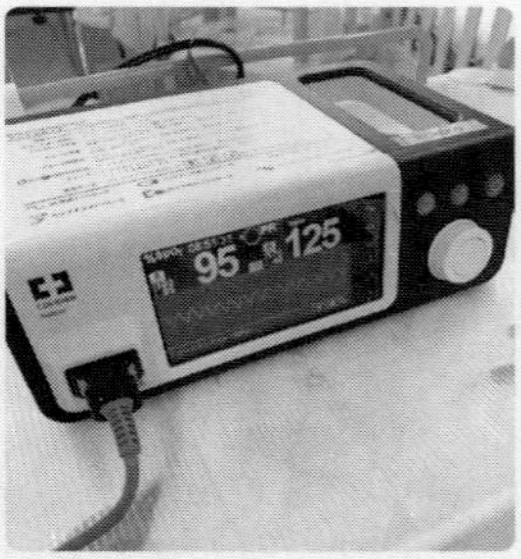

動脈血酸素飽和度を測定するパルスオキシメーター

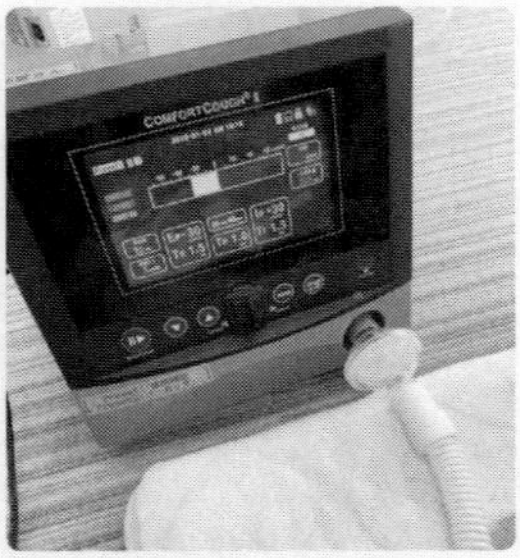

排痰補助装置
（上記 6 点 kokoro 提供）

②医療的ケア児者

医療的ケア児は、２０１６年に改正された児童福祉法第56条の６の第２項に「人工呼吸器を装着している障害児その他の日常生活を営むために医療を要する状態にある障害児」と規定されている。この場合、重症心身障害児かどうかは問われない。

たとえば、社会福祉法人ふれ愛名古屋（以下「ふれ愛名古屋」）が運営する重症児デイサービスにも、歩けるし小走りもできるものの、胃ろうをつけ、酸素吸入もしている子がいる。この子は大島分類でも重症心身障害児には該当しないが、医療的ケア児である。

医療的ケアには人工呼吸器、胃ろう、酸素吸入のほか、経鼻経管栄養、喀痰吸引、気管切開、酸素吸入、導尿などさまざまなものが含まれる。

（前ページ写真参照）

	重症心身障害児（者）	超重症児（者）	医療的ケア児（者）
状態像	重度知的障害	問わない	問わない
	重度肢体不自由（座位まで）	重度肢体不自由（座位まで）	問わない
	問わない	高度な医療依存	高度な医療依存
認定基準	大島の分類	超重症児（者）スコア	判定基準なし
根拠法	福祉 児童福祉法 第7条2項	医療 診療報酬科点数 A212	福祉 児童福祉法 第56条の6第2項（2016（平成28）年改正）
人数	4万3千人（2012年推計値）*1	4万3千人（2012年推計値）*1	1万7千人（0-19歳，2017年推計値）*2
	・施設入所 1万4千人（約3割）（2012年推計値）*1 ・在宅 2万9千人（約7割）（2012年推計値）*2		

*1 厚生労働省、2017（平成29）年、障害児支援について、平成30年度障害福祉サービス報酬改定検討チーム資料より

*2 名倉道明、2016（平成28）年、「医療的ケア児に関する実態調査と医療福祉保健教育等の連携促進に関する研究の中間報告」埼玉県医科大学総合医療センターより

吉田隆俊. 2018（平成30）年作成 資料を参照して作図

図表２ 重症心身障害児者と医療的ケア児者

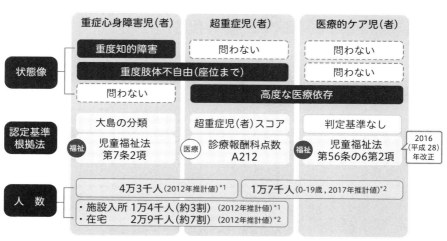

(3) 重症心身障害児者と医療的ケア児者

医療機関では、重度の身体障害や医療的ケアが必要な子どもたちが「重症児」と呼ばれ、医療依存度がさらに高い子どもたちは「超重症児」「準超重症児」と呼ばれている。

この超重症児者を含め重症心身障害児者と医療的ケア児者の関係を整理したものが図表2である。重デイネットで呼称している「重症児者」は、この全体をさしている。

厚生労働省および埼玉医科大学総合医療センターの調査によると、重症児者は約6万人と推計され、うち約3割は施設で、残りの7割が自宅で生活しているとされる。

障害者に対する国の施策も施設入所から地域生活に移行するなかで、施設は増えずに重症児者が増えているため、在宅比率は上がっている。しかし肝心の、重症児者の地域生活を支える社会資源が足りない。ここに解決すべき一番の問題がある。

2 増え続ける重症児とその原因

(1) 世界一低い新生児死亡率

日本の新生児医療は、いまや世界一のすばらしい水準に達している。

WHO（世界保健機関）が発表した2018年版の統計によると、新生児1000人のうち、日本で亡くなるのは1人に満たない0・9人である。統計上はイタリアにある人口3万人余のサンマリノ共和国の0・6人に次ぐ2位だが、人口規模を考慮すれば世界一といってよい。

ちなみに同じ統計で、ドイツは2・3人、イギリス2・6人、アメリカは3・7人、世界平均は18・6人である。

⑵ 助かる低出生体重児

医療の発展のおかげで、以前なら助からなかった命も助かっている。

この50年ほどの間に、日本の年間出生数は1973年の200万人超をピークに2016年の約98万人へと半減したが、2500グラム未満で生まれる低出生体重児（未熟児）の割合は、1975年のおおむね20人に1人（女児5・5%、男児4・7%）から2016年のおおむね10人に1人（女児10・6%、男児8・3%）の水準へと倍増している（厚生労働省「人口動態統計」2018年）。

1000グラム未満になると超低出生体重児と呼ばれるが、2019年には300グラム未満で生まれた赤ちゃんが元気に退院したニュースが相次いだ。まず、268グラムで生まれた男児が2月26日、慶応大学病院（東京都新宿区）を退院した（「朝日新聞」2019年2月27日付ほか）。次いで4月20日には、258グラムで生まれた男児が長野県立こども病院（長野県安曇野市）を退院した（同4月21日付ほか）。

さらに世界に目を向けると5月、米カリフォルニア州の病院で、245グラムで生まれた女児が退院したことが報じられている（同5月31日付ほか）。

(3) 医療の発達のなかで

一般に、子どもの重度障害や医療的ケアが必要になるのは、遺伝子異常などの先天的な要因と、出生時あるいは乳幼児期の病気や事故の後遺症という後天的な要因が指摘される。

後天的な要因の場合も、医療によって命が助かり、その多くはその後も元気に成長していく。しかしなかには、障害が残ったり医療的ケアが必要になったりするケースがある。それが全国的に増加していて、結果として重症児が増えている。しかも高度な医療機関が集中する都市部ほど多い。こうして、医療の進歩が重症児をも生んでいる側面は否定し切れない。

たとえば、肺機能は妊娠末期の35週頃に完成して自力呼吸の準備が整い、いつ生まれてもよくなるという。それが未熟な状態で生まれると自力で呼吸ができず、人工呼吸器などが必要になる。ほかにも、自力で母乳を飲めなければ、鼻から経管でミルクなどを入れたり（経鼻経管栄養）、血管から栄養を入れたり（中心静脈栄養）、カテーテルで胃に直接栄養剤を送ったりする（胃ろう）。

こうした状態が退院後も継続すると、日常生活に医療的ケアが必要になる。

20歳未満の医療的ケア児の増加は統計にも表れている。2005年には9987人と推計されていた医療的ケア児は、2016年に1万8272人と、10年余りで倍近くまで増えている（厚生労働省「医療的ケアが必要な子どもへの支援の充実に向けて」2018年)。

また、在宅で人工呼吸器が必要な医療的ケア児は、同じ期間に264人から3483人へと大幅に増えている(日本医師会「平成28・29年度小児在宅ケア検討委員会報告書」2018年)。

③ 重症児デイサービスで地域生活が変わる

(1) 医療と福祉の融合化

小児医療の世界では「小児在宅」という言葉が使われる。重症児者が病院を退院し、医療的ケアを必要としながら自宅で暮らす状態をさすところまでは、重デイネットで使用している「地域生活」と同義である。しかし実際のアプローチは異なる。

「小児在宅」は、自宅などでの医療的支援とアドバイスである。具体的には訪問診療や訪問看護などで、これらは医療行為である。一方「地域生活」のアプローチは、自宅で日常生活を送るためのサポートである。医療ではない。具体的には重症児デイサービスや生活介護、居宅介護などのサービスを提供する。

医療者が最も重視するのは、生命の安全であり、苦痛の除去と緩和である。遊び、学び、出会い、あるいは仕事などの社会的な生活は、注目度も相対的に低くなる。しかし母親など家族の視点ではこれが逆転し、元気に遊んだり学校に行ったりするなど社会生活のなかでのいろいろな社会体験を重視する。これは福祉の視点ともいえる。

重症児者の地域生活を支えていくために重要なのは、これらの融合である。すなわち、①命と健康を守る医療や看護、リハビリテーション、②発達を支える療育や教育、③生活を支える福祉の3つをバランスよく機能させる必要がある。

重症児デイサービスは福祉事業所だが、看護師や機能訓練担当職員、さらに嘱託医のほか、保育士や児童指導員なども揃えているのは、この観点からだ。だからこそ、家族は子どもたちを安心して預けることができる。

2 重症児デイサービスの内容と特徴

重症児デイサービスは、主な対象を重症児とし、医療的ケアに対応できるデイサービスである。たとえば「ふれ愛名古屋」とNPO法人「まいゆめ」が運営する事業所利用者の医療的ケアの状況は、図表3の通りである。体制や運営には次のような特徴がある。

①多職種連携のマンツーマン小規模デイ

重症児デイサービスには制度上、児童発達支援管理責任者、児童指導員または保育士、看護師、機能訓練担当職員（理学療法士、作業療法士、言語聴覚士等）などの専門職の配置が義務付けられ、互いに連携して日々のサービスを提供している。

また、重デイネットでは1人の子に1人のスタッフがつくマンツーマンを推奨している。それにより安全・安心を確保しながら、子どもたちの意志が受け止められる。

さらに、ほとんどが定員5人（1日あたり。最大7人）の小さな事業所である。少ない定員と厚い人員配置によってケアの質が確保される。

そして、嘱託医はもちろん地域の医療機関とも連携して緊急事態などにも備えているほか、全国の重デイネットの仲間とも情報交換や連携をはかっている。

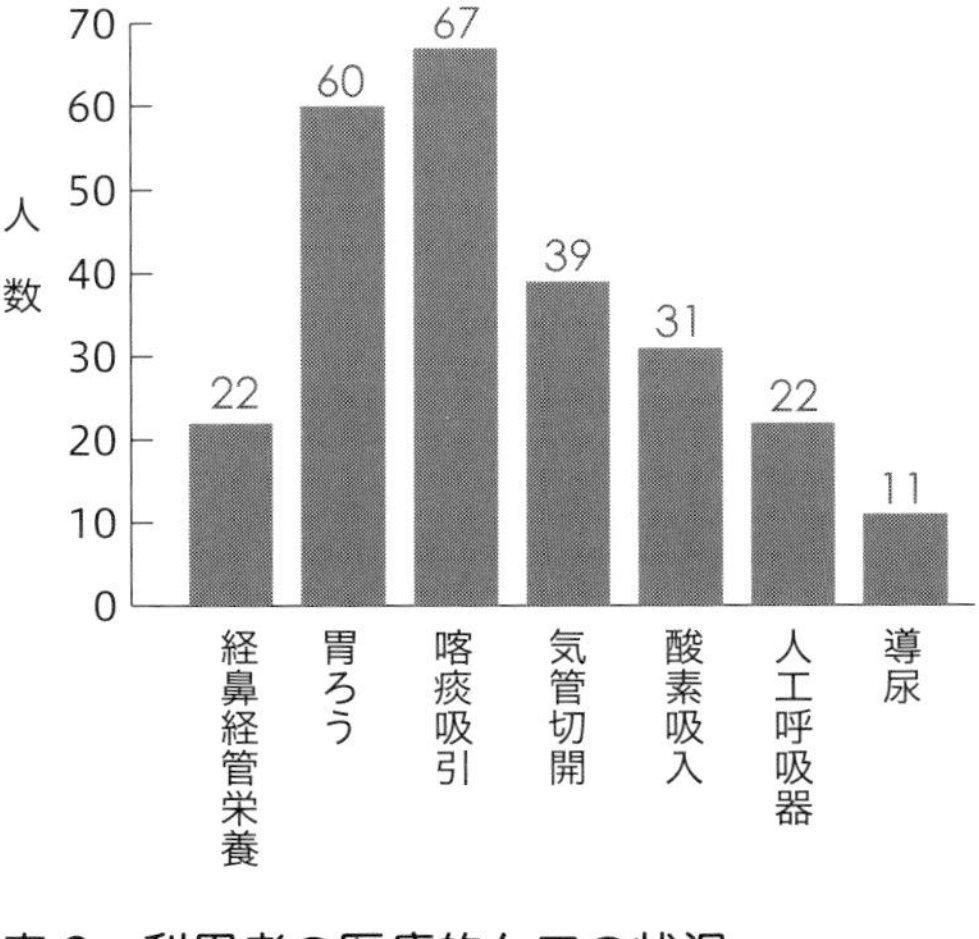

図表3　利用者の医療的ケアの状況
（ふれ愛名古屋・まいゆめ／176人）（H31.3.31現在）

②笑顔を大切にした生活支援と家族支援

それぞれの重症児デイサービスでは、子どもたちの笑顔を大切にして、日常的な生活支援や季節ごとのイベントなどに取り組んでいる。

図表4と写真は、「ふれ愛名古屋」の重症児デイサービス「Ｈａｎａ」の活動予定表と活動の様子である。屋内での活動だけでなく、散歩や買い物など積極的に外出しているのも、各事業所に共通した特徴である。

そのほか、たとえば愛知県東海市の重症児デイ「NEST」では2019年の夏、夏まつりとして連日プールを実施して喜ばれた（89頁参照）。また東京都中野区の重症児デイサービス「おでんくらぶ」では、音楽活動にも取り組んでいる（67頁参照）。高知県高知市の重症児デイサービス「いっぽ」には、太鼓など打楽器のグループがやって来て演奏を聞く機会もある（96頁参照）。

茨木県ひたちなか市の重症児デイサービス「ｋｏｋｏｒｏ」では、月に1回プロの美容師が来て子どもたちの髪をカットする「カットデー」を実施して喜ばれている。普通の美容院では難しく、母親らが子どもたちの髪をカットしているのがほとんどだからだ。

また、一人ひとりの発達を計画的に支援している。個別に発達支援計画をつくり、

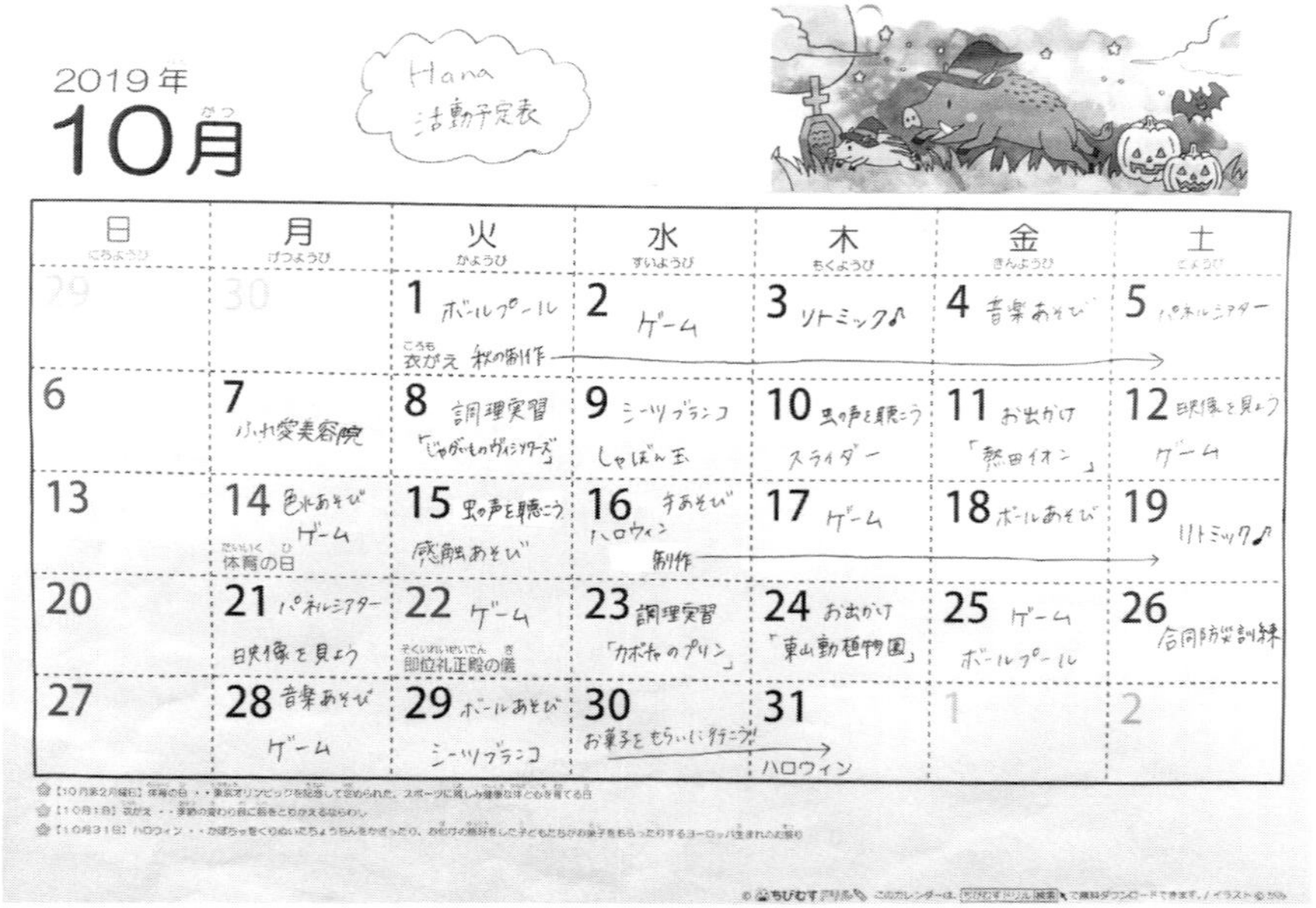

図表4　活動予定表（Hana）

ふれ愛名古屋が運営する重症児デイサービスなどの活動

Hana

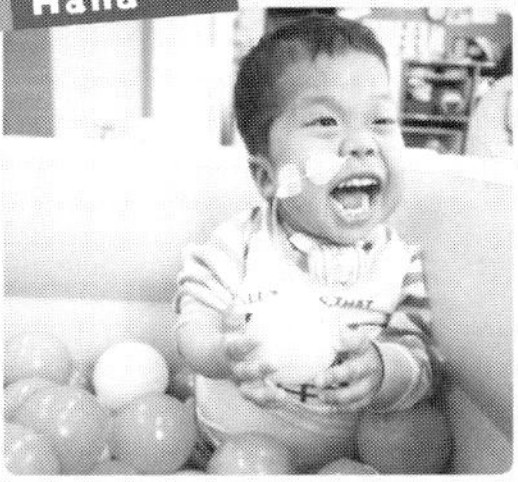
ボールプールでごきげん

ボール遊び

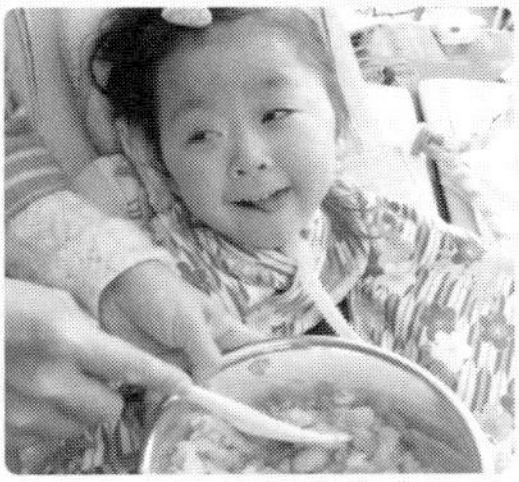
調理実習。喉頭分離で食べられなくても味見が楽しみ

公園に散歩

花見に出かけた

お買い物

プランターづくり

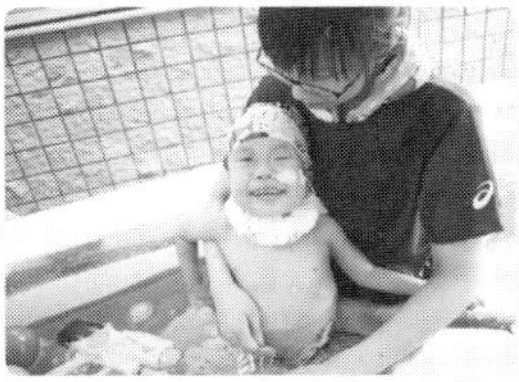
プールあそび

satsuki & mei

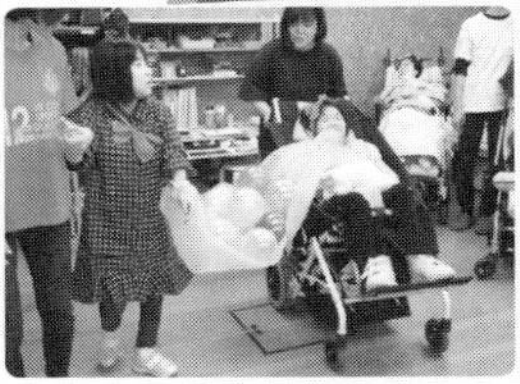
運動会で風船運び

mei

波音を出すオーシャンドラムを使った音楽療法

紙相撲で勝負

夏まつり

それにもとづいた支援に取り組んでいる。たとえば「いっぽ」では退職した元教諭が児童指導員となり、その経験を生かして発達の視点で療育を組み立てている（101頁参照）。

さらに、家族支援を重視している。そのため送迎はもちろん、土曜日も開所している。母親の休養にもつながり、兄弟がいればその子のイベントなどにも出かけられる。スタッフは交代勤務で対応している。ほかにも各種の相談に応じ、兄弟支援や成長につれて就労支援にも対応している。

3 ナギサちゃんのケースから

「ふれ愛名古屋」が運営する重症児デイサービスをナギサちゃんが利用し始めたのは、彼女が1歳4か月の頃だった。

ナギサちゃんは生まれてから1年間、NICUに入院していた。気管切開をして人工呼吸器をつけている。栄養は胃ろうから栄養剤を注入している。自力で排尿もできないから導尿も必要である。1歳のときに地域移行支援病院に移り、3か月後に自宅に帰って地域生活が始まった。

母親は、NICUで「早く退院してくれ」という空気を感じてつらかったそうだ。だから、医師や看護師から退院後の話をされても頭に入らなかったという。

ナギサちゃんは自宅に帰った初日から大泣きだった。痰の吸引は短ければ30分おき。夜は1時間半おきに起きて様子を観察していたため、母親は仮眠ばかりで熟睡できなかった。訪問看護師が1日1回やって来たが、いっしょにナギサちゃんを入浴させていたから、母親はその間に休むこともままならなかった。

図表5の小さな円グラフが、その頃のナギサちゃん母子の1日の生活である。母親は1か月でクタクタになってしまった。訪問看護師の紹介が、重症児デイサービスを見学するきっかけだった。

ナギサちゃんはデイサービスの見学時もワーワー泣いていた。スタッフはナギサちゃんをシーツブランコに乗せ、歌をうたいながらゆりかごのように遊んだ。一瞬で大喜びの表情になったナギサちゃんを見て、母親は利用を決めた。

図表5の大きな円グラフは、重症児デイサービス利用後のナギサちゃん母子の1日である。自宅での生活は入浴時間がずれたくらいで基本的に同じだが、昼間の時間に大きな違いがある。朝の9時半にデイサービスのスタッフが迎えに行き、完全母子分

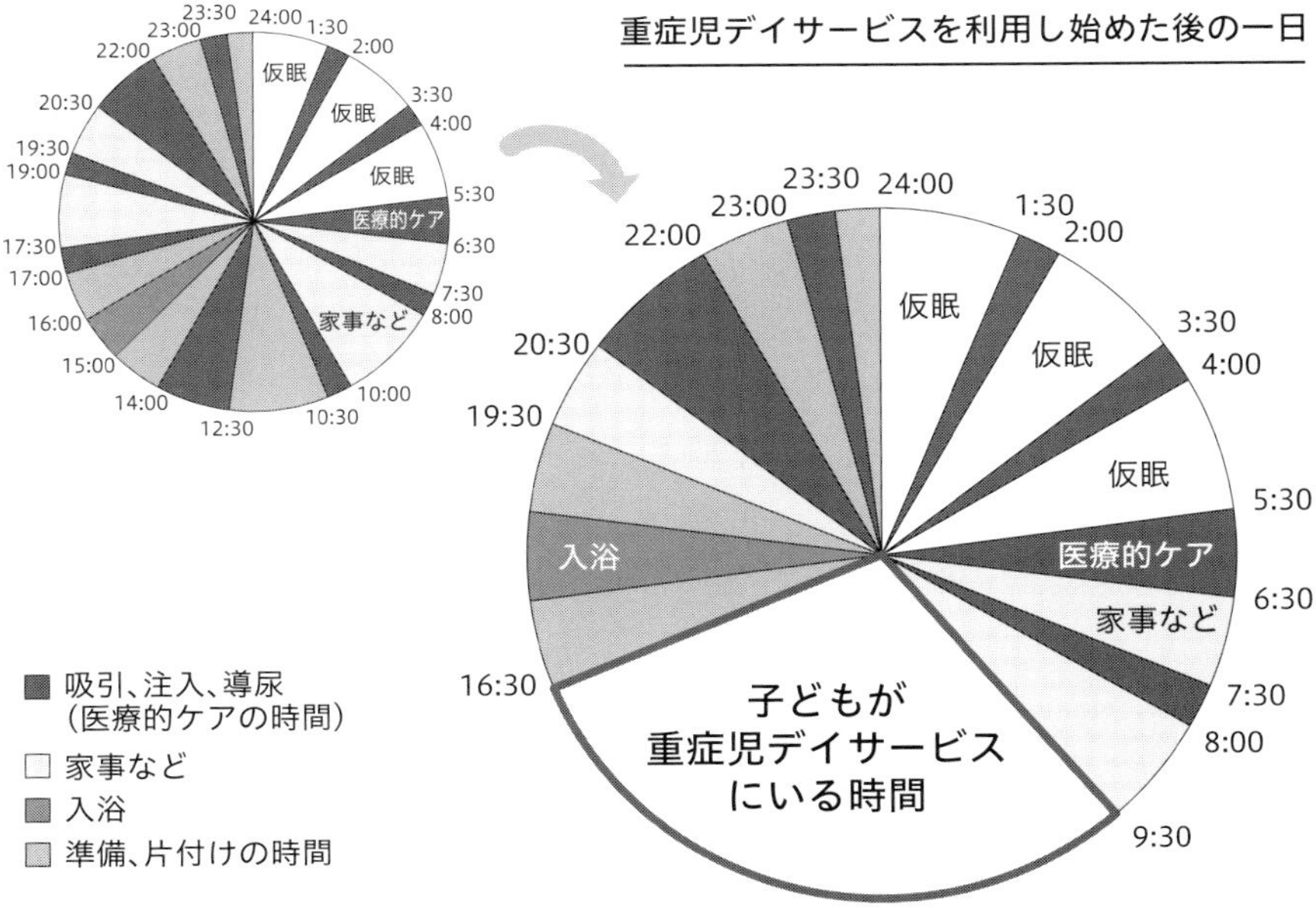

図表5　重症児デイサービス利用前後の1日の比較

離でナギサちゃんを預かる。そして夕方4時半にまたスタッフが送っていく。この間の約7時間である。

たったこれだけだが、母親は劇的に変わった。何よりも、夜に疲れても昼間に寝られることが大きい。その間に自分のこともできる。

「やっと、人として生きる希望がわいてきました」

母親はほかの重症児の母親らとつながったり、社会的な活動も始めたりして、新たな生きがいを見つけていたようだった。

ボールプールで大喜びのナギサちゃん

ナギサちゃんはいま5歳になり、2人の妹ができている。1週間のうち3日間は重症児デイサービスに通うが、残りの3日間は妹と同じ地域の保育園に通っている。ナギサちゃんは年少組だが、妹はもうすぐ年長組になるそうだ。子ども同士のつながりを重症児デイサービスで味わい、地域の保育園で療育を味わっている。

しかもナギサちゃんは、人工呼吸器をつけながらも自ら言葉を獲得し、うるさいほどよくしゃべるようになった。人は息を吐きながらしゃべるのが普通だが、ナギサちゃんは吸いながらしゃべっている。声は細いけれども普通の女児の声だ。アニメの主題歌もよくうたう。知的障害がほとんどなく、周囲の子どもたちやスタッフ、母親らが話しているのが刺激になったのではないかと思われる。

普通の人にとってこれらは、ごく当たり前の生活かもしれない。しかし重症児の家族にとっては夢のようなことだ。重症児デイサービスは、こうした当たり前の暮らしへの第一歩になる。

④ 喜ばれる重症児デイサービス

ナギサちゃんのケースばかりでなく、実際に重症児デイサービスを利用した母親や家族らからは「利用してよかった」という声が多数聞かれる。次に「なければ創ればいい～重症児デイサービスの現状と家族支援～」（前掲）に掲載した声を一部抜粋して再掲する。

「重症児へ理解があるスタッフが多いので、子どものアイデンティティを尊重してくれます。スタッフがよく見て、声をかけてくれ、寄り添う姿勢を感じます」

「医療的ケアの必要な子ですが、看護師などの専門職に対応してもらえるので、安心して預けることができています。友だちができて、関わりが増えました。人見知りする子が、今では行くのがうれしいようです」

「以前は眠れない日もよくありましたが、デイサービスでの遊びや体験が子どもにとって程よい疲れとなり、今はぐっすり寝る日が増えました。家族以外のいろんな人にふれ合う機会があるおかげで、過敏が少しよくなりました」

「この子の兄弟に、十分な時間をとってあげることができませんでした。デイサービスの利用で余裕が生まれ、兄弟との時間をつくることができました」

「送迎してもらえるので、自分の時間が少し増えました。この少しだけでもありがたいです」

「家族以外で、この子を分かってくれる人たちが地域にいるんだという安心感が生まれました」

「あきらめようと考えていた仕事を、続けていくことができました」

「自宅では食事を全然とってくれませんでしたが、デイサービスに通ってから、よく食べるようになりました」

「子どもが帰宅するといつも笑顔なので、スタッフが楽しく丁寧に接してくれているんだなと思います」

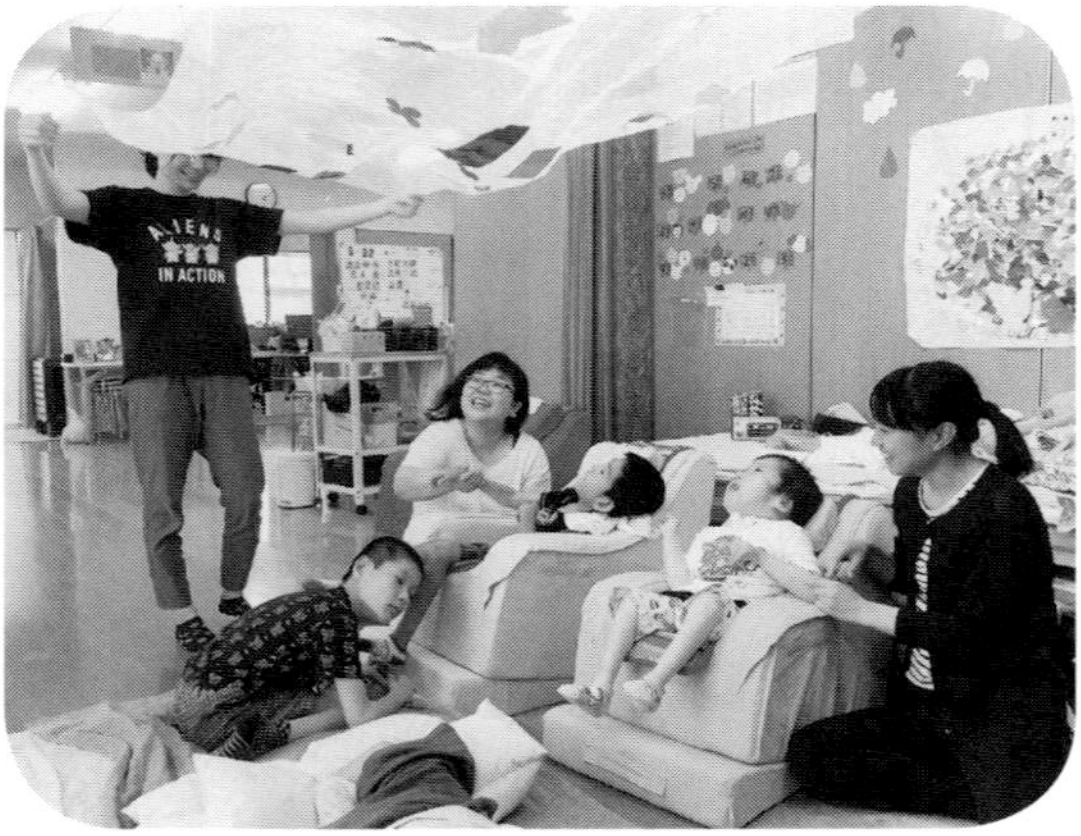

ふわふわシートで遊ぶ。ふれ愛名古屋の重症児デイサービス「mei」で

4 重症児デイサービスから始めて地域生活を創る

(1) 重症児の母親らの願い

重デイネットの鈴木由夫代表理事は、全国を回って重症児の母親らの話を聞いている。

「お母さん、子どもが死んだ1日後に死にたいなんて思ったことある?」

そう聞くと、ほとんどの母親は涙をこらえられないという。それぞれ思い当たる節があるからだ。結局、自分がいなくなったらどうなるのかという子どもの未来が最大の不安材料になっている。

入所施設はすでに満床で、地域移行政策により今後も増えないから、もはや期待はしていない。かといって近くに利用できるデイや各種サービスもない。そのうちに自分は年を取っていく。いまでさえ日常生活が大変なのにどうすればいいのか……。

そう考えると、「自分が死ぬときにこの子を道連れにしよう」とか「この子が死ぬときまでは自分が面倒を見るが、この子が死んだら自分も死ぬ」などという答えに行き着いてしまう。それ以外の答えが考えられないほどに、毎日の暮らしが大変だからだ。

しかし大切なことは、親より子どもが長生きすること。親が先に亡くなるのは当たり前だから、親がすべきことは、わが子が地域で幸せに暮らしていける仕組みづくりをすることだ。そうすれば親は、安心して天寿を全うできる。

しかも現在、一定の条件を満たせばそのための施設運営の道は誰にでも開かれている。だからこそ鈴木は「なければ創ればいい」と呼びかけている。

(2) 立ち上がる母親たち

その「なければ創ればいい」に励まされ、自ら重症児デイサービスを立ち上げる母親たちが相次いでいる（Ｐａｒｔ１参照）。いまやそれは、重デイネット会員のうち約75事業所（25％）以上にもなっている。

周囲に利用できるサービスがないところだけでなく、すでに重症児デイサービスを利用している母親らのなかに立ち上げを前向きに考える人が多いことも、「なければ創ればいい～重症児デイサービスの現状と家族支援～」（前掲）に掲載した保護者アンケートで明らかになっている。

それによると、回答した215人のうち5・3％が重症児デイサービスを「自ら立ち上げたい」と答え、「立ち上げる人達がいたら参加したい」の34・1％を加えると約4割が立ち上げに前向きである。さらに「立ち上げたいが実際は難しい」という35・6％も加えると、約75％の母親が「できるならやってみたい」と考えていたことがわかる。

これらは、重症児デイサービスが地域によってはまだまだ少ないことを反映している。定員5人だから、1か所で毎日利用するのは難しい。しかし逆にいえば、もっとできても需要があることを示している。

そして、自ら立ち上げた母親たちは新たな仕事とやりがいを見つけ、どこでも見違えるほど明るく元気になっている。

(3) 重症児者の地域生活を支える5つの柱

重症児者の地域生活を支えるには、次の5つの柱がいると考えている。その柱を1つずつ創っていくのが、地域生活を創るイメージである。

第1の柱は「医療系」である。ほとんどの場合は連携することになるだろうが、重症児者のホームドクターともいえる訪問診療や訪問看護の事業所運営はＮＰＯ法人などでも可能だ。

第2の柱は「支援系」である。子どもが小さなうちは相談支援事業が中心だが、大人になると成年後見人という制度がある。重症児者が自ら金銭管理などをするのは難しいから、親亡き後には成年後見人をつける必要がある。相談支援事業は、デイサービスや居宅介護などの障害福祉サービスを利用するために「利用計画」をつくる事業であるが、現状では相談支援事業所が少ないために母親が自らつくるセルフプランで行っている場合が多い。適切なサービスを受けるためには相談支援事業は不可欠である。

第3の柱は「訪問系」である。これには家事援助、身体介護、居宅介護、移動支援（市町村事業）、そして重度訪問介護（学校卒業後利用可能）がある。また現在、グループホームは一番重い人でも人員配置基準は3対1だから、1人のスタッフが3人担当することになる。手が回らないことが十分予想されるため暫定的に、重症児者にはグループホームで居宅介護の利用が認められている。

第4の柱が「日中通所系」である。未就学児の児童発達支援、18歳までの学齢期の放課後等デイサービス、そして18歳以上は生活介護になる。これらは対象とする年齢層が異なるが、内容的にはすべて同じデイサービスである。

第5の柱が「居住系」で、ショートステイとグループホームあるいはシェアハウスである。

現状では、これらの社会資源が揃っているエリアはほとんどない。たとえば名古屋市でも、「ふれ愛名古屋」が2019年に家族支援拠点「ふきあげ」を創って重症児者短期入所「こかげ」をオープンするまで、人工呼吸器に対応できるショートステイは少なかった。

けれども、一つずつ創っていけばできると考えている。もちろん、すべてを自分で創る必要はない。

地域連携で他の法人と協力してすすめていけばいいのである。

(4) 重症児デイサービスから始める

重症児者の地域生活を支える5つの柱は、重症児デイサービスから創り始めるのがよい。それには次の理由がある。

まず、重症児デイサービスは昼間のサービスだから人材を確保しやすい。これをグループホームなどの夜間系のサービスから始めると、人材確保が難しい現実がある。

また、サービス内容としても複数の子どもを複数のスタッフで支えることで人材の教育・研修がしやすく、スタッフも育ちやすい。もちろん重デイネットの全国研修なども活用できる。

さらに採算面でも、重症児デイサービスが最も安定している。たとえば生活介護から始めると、20人

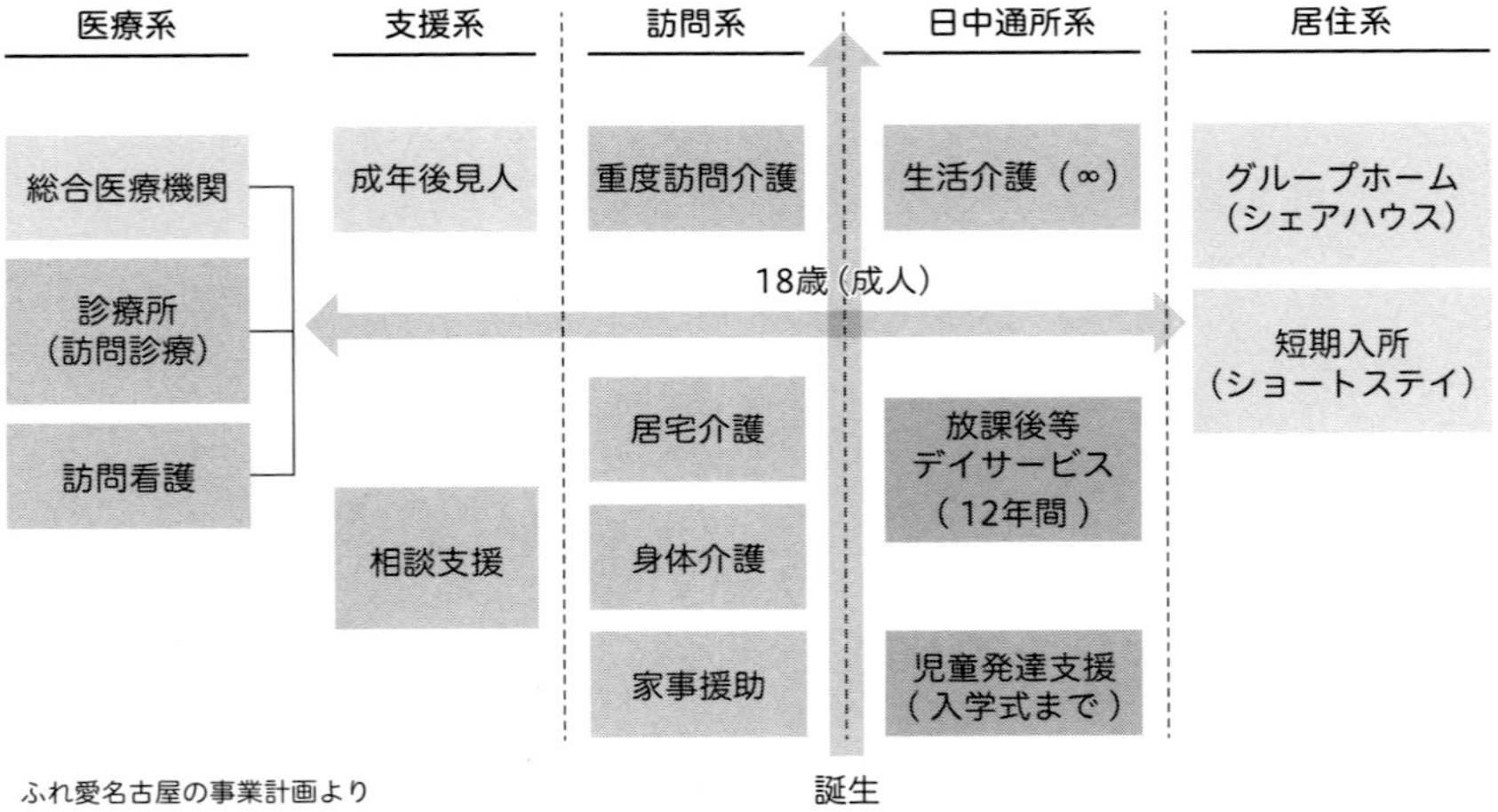

ふれ愛名古屋の事業計画より

図表6　重症児の地域生活を支える5つの柱

定員だから大きな施設が必要で、利用者確保にも時間がかかるため、経営的にも不安定になりやすい。

そして、子どもの成長に合わせて施設を拡大していく上でも、重症児デイサービスは出発点として都合がよい。

たとえば北海道札幌市の宮本佳江は、未就学児の児童発達支援と学齢期の放課後等デイサービスから事業を開始し、3年目に生活介護事業所を新規に開設、さらに生活介護事業所の開設を準備している（39・42頁参照）。これは当面の事業拡大の発展方向として、一つの典型にもなっている。

また愛知県東海市の細川由貴は、中学生の息子の将来を見越し、最初から生活介護もできるスペースを確保して重症児デイサービスを始めている（90頁参照）。

「ふれ愛名古屋」では、すでに「日中通所系」「訪問系」の柱ができ上がった。「支援系」も相談支援を実施、「居住系」もショートステイを開所した。「医療系」も訪問診療ができ訪問看護が可能なことから、5つの柱の多くを創りあげてきている。

CHAP 2

重症児デイサービス事業を始めるために

本章では、実際に重症児デイサービスなどを事業として始めようとする人のために、その基本的なノウハウを紹介する。

なお、たとえば起業について、あるいはNPO法人の設立の方法についてなどは、詳しい解説書や支援組織も多数存在するから、ここでは一般論あるいは概要と、必要に応じて事例を紹介するにとどめる。紹介するのは、これまで一般社団法人全国重症児者デイサービス・ネットワーク（以下「重デイネット」）で支援し、多くのケースで成功してきたことがベースだが、誰でも必ず成功するとは限らない場合もあることを、あらかじめお断りしておきたい。

また個別のケースについては、重デイネットで相談に応じている。その際、たとえば「フランチャイズ」「コンサルティング」などの事業活動による金銭等の対価を得ている場合など営利目的だけの事業者の相談には応じかねることも、あらかじめお断りしておきたい。

1 なぜ事業を立ち上げたいのか

(1) 重症児が大好きな人を支援する

重症児デイサービスなどの事業を立ち上げようとするとき、最も重要なのはその動機である。重デイネットでは「重症児が大好きだから、この子たちの地域生活を創っていきたい」という熱い思いのある人を全力で支援したいと考えている。まずこれが大前提である。

重症児が大好きという人は、必ずどこかで少なくとも1人以上の重症児と出会っている。そして必ず何か、その人にとってスペシャルな体験をしている。

重デイネットの鈴木由夫代表理事は、かつて重心障害児施設に勤めていたが、実はその仕事が嫌だったという。けれども20歳過ぎの重症者の入院付き添いを応援した際、奇跡的に熱が下がった彼が鈴木を見て「ニコッ」と笑った、その笑顔に救われたという。その一瞬に重症児者を好きになったからだ。いまでも忘れられない体験だったという(14頁参照)。

茨城県ひたちなか市の紺野昌代は3人の重症児の母親だが、離婚に直面して将来の見通しを失い、子どもを道連れにして死のうと思って車で崖上まで行ったとき、息子の笑顔を見て思いとどまった。紺野はその笑顔に何度も救われたと話している(51頁参照)。

重症児が大好きな人は、常にその子の幸せを第一に考える。それがサービスの質に直結する。

たとえば、医療的ケアが必要な重症児は常に見守りが必要だから、NPO法人「ふれ愛名古屋」（以下後の社会福祉法人も含め「ふれ愛名古屋」）で初めて重症児デイサービスを始めた当初から、一貫してマンツーマンのスタッフ配置を原則としてきた。支援の際もそれを強調し、推奨している。常に子どもの幸せを第一に考える心があれば、この点でブレない。

人員配置を厚くすれば当然、人件費は膨らむ。利益を優先すればできないことだ。しかし、それは質を維持するためだから給付費にも反映するよう、重デイネットでも国に提案してきた。2018年度の報酬改定でその必要性が認められ、重症児デイサービスの看護師や理学療法士、児童指導員らに手厚い人員配置を行った場合は「加配加算」がつくようになった。それはさらなる質の向上につながる。

さらに、こうした熱い思いがあってこそ周囲に影響をおよぼす。高知県高知市の山崎理恵には、その訴えに応えて多額の寄付金が寄せられた。新聞記者も「山崎さんの生き様が県民の心を揺さぶった」と驚くほどだった（103頁参照）。

愛知県東海市の細川由貴には重症児の母親らとのつながりも、生かせる資格もなかったが、熱い思いが、当初支援をしぶった鈴木の心を動かした（86頁参照）。

(2)「ふれ愛名古屋」はなぜ成功したのか

鈴木が2010年に「ふれ愛名古屋」を立ち上げたのは、困った2人の母親から相談されて「なければ創ればいい」と応えたことがきっかけだった（17頁参照）。倒産の経験から経営の安全は考えたが、利益は求めなかった。そもそも利益など出るとも思わなかったそうだ。

「昔と同じように利益を求めていたら失敗していたでしょう。かつてしていたマーケティングはどうやって儲けるかという仕事ですから、もちろん葛藤はありました。だけど想いは間違いなく、子どもたちの地域生活を創りたいということでした。だから、お母さんたちの支持も得られたのだと思っています」と鈴木は振り返る。利益を求めないのは赤字覚悟で採算を度外視することではない。「オープンの日から採算が合う」のが鈴木流だ。そのためのキーワードは「お母さんの笑顔」と「シンプルな経営」の2つだった。

「重症児だけを預かる。そして人を配置する。完全マンツーマン。なるべく手厚く支援をする。そしたら子どもは安全・安心で幸せでしょ。だからお母さんが満足する。送迎も当たり前にする。お母さんと子どもが幸せになるようにあらゆることをする。こうして徹底してお母さんの側に立ち、お母さんが笑顔になるようにするのです」

実際に利用した母親らが満足していたのは、Ｐａｒｔ２のＣＡＨＰ１に再掲した「安心して預けられる」「子どもが笑顔で帰って来る」「自分の時間が少し増えた」などの声を見ても明らかだ（125頁参照）。母親に支持されると、母親らのネットワークで評判になる。すると「うちの子も預けよう」と利用者増につながる。

社会福祉法人ふれ愛名古屋の法人本部

それほどに母親らのネットワークの影響力は大きい。

その一方で、費用は徹底的に抑え、余計なものは買わずにシンプルな経営に徹した。二度と倒産はさせないという思いだった。スタッフにも事情を理解してもらい、最初の頃は給料も抑えざるを得なかった。それで2年ほどなんとかしのいでいたところに、重症児デイサービスの仕組みも給付費の報酬単価も変わって収入が倍増した。経営が安定に転じたのは当然だった。

もちろん現在も、この「お母さんの笑顔」と「シンプルな経営」は貫いている。だから、重症児者の地域生活を支える5つの柱（128頁参照）を整えるため、その後も施設拡大に取り組めている。

(3) 小児科の看護師が気になった重症児の地域生活

専門職経験者が重症児デイサービスを立ち上げたケースも少なくない。

上野多加子は看護師で、名古屋市内の病院の小児科に勤務していた。そこでNICUから小児科病棟に移ってきた多くの重症児たちと出会った。時には看取りに立ち会うこともあったそうだ。

「私たちが送り出した子どもたちがどうなっているのか、すごく気になっていたんです」

と上野はいう。退院した子どもたちは、その後も定期的に小児科を受診した。在宅で暮らす13トリソミー（52頁参照）の子どもと家族の関わりもあり、そうした際の話などから、母親たちが家で苦労しているのを知ったという。

上野は、困っている母親たちの役に立ちたいと考えた。病院を退職し、鈴木のアドバイスと支援を受けて2016年6月、「ふれ愛名古屋」とはエリアが重ならない名古屋市北部の特別支援学校の近くに、このエリアでは初めてとなる重症児デイサービス「miki」をオープンして放課後等デイサービスを始めた。

たまたま直前の5月に、重症児も数十人規模で受け入れていた障害児デイサービス事業所が倒産し、そこの利用者が行き場を失って「ふれ愛名古屋」にも問い合わせが殺到した。鈴木らが市に特例を要請。その結果「名古屋市は、定員を超えて倒産した障害児デイの利用者を受け入れられる緊急措置を取った」(「中日新聞」2016年9月2日付)。

こうした影響もあり「miki」は最初から超満員でスタートした。翌2017年9月には、すぐ隣に重症児デイサービス「mini」をオープンし、放課後等デイサービスと児童発達支援を始めた。さらに2019年4月に重症児デイサービス「donna」(放課後等デイサービス)と生活介護「days」をオープンし、合わせて4つの事業所を運営するに至っている。

事業所はいずれも定員5人。18トリソミー、13トリソミーの利用者だけでも合わせて8人いるなど、特に重い子の比率

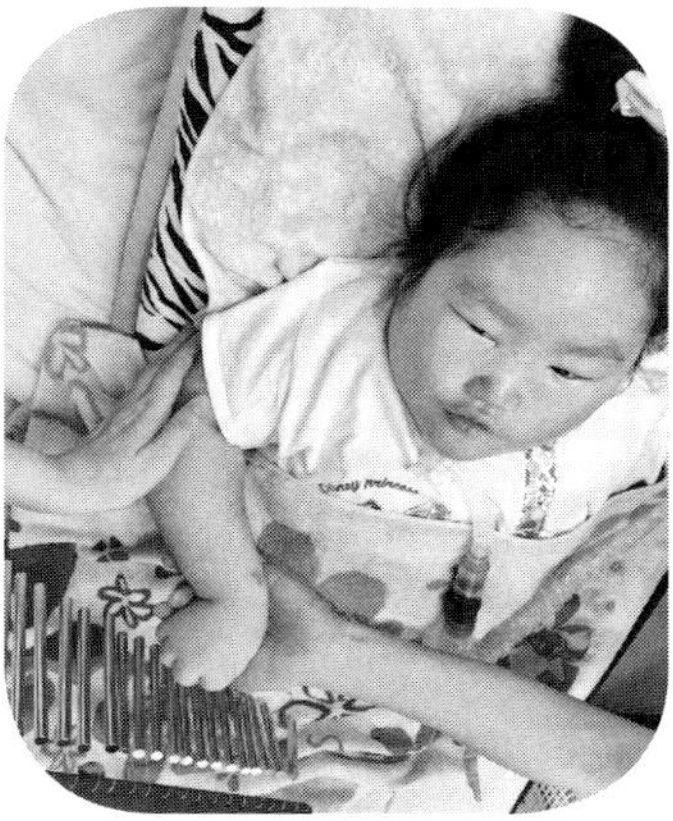

音楽療法。「miki」で

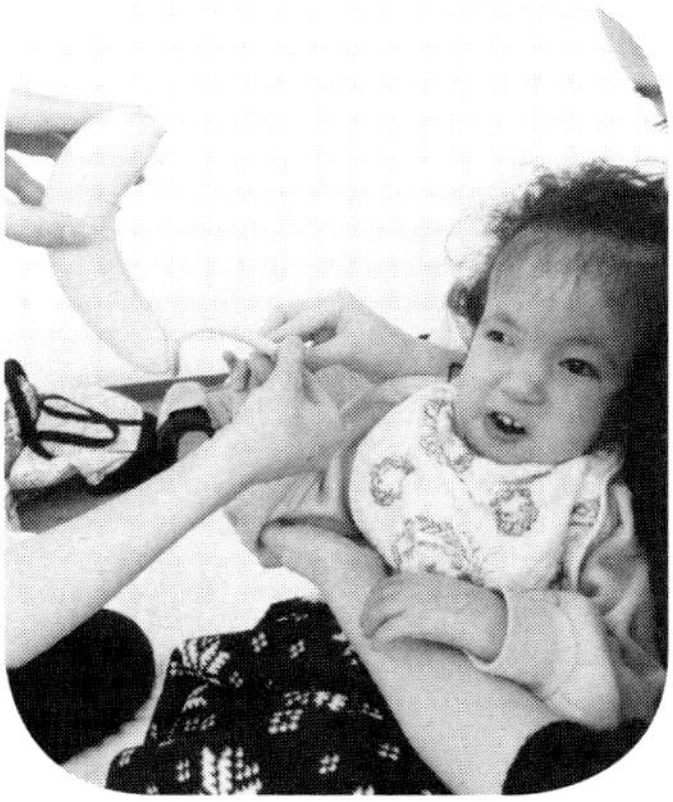

調理実習。「miki」で

が高い。日常的な活動のなかに音楽療法を取り入れたり、調理実習を実施したりしている。口から食べられなくても、安全性を確認した上で少量を舌の上に乗せて味わうことはできる。それらを通じて食べものの学習にもなっている。

この上野のケースは、看護師として重症児と関わった経験があり、それを生かして重症児者の地域生活を創ろうとする熱い思いがあれば、成功しないはずがないといえるほど需要が多いことを物語っている。同時に、倒産した事業所との対比で、サービスの質の重要性も浮き彫りにした。

なお、事業所は当初「ふれ愛名古屋」の運営でスタートしたが、同法人が社会福祉法人化した後はNPO法人を上野が引き継いだ。現在は「まいゆめ」と名称変更している。

(4) 支援に際して注目したい3つの動機

本書で紹介したケースも俯瞰しつつ、「重症児が大好きだから、この子たちの地域生活を創っていきたい」という熱い思いを大前提にして、支援する際に重デイネットが注目する立ち上げの動機をまとめると、次の3つに集約できる。

①重症児の母親として

第1は「重症児の母親として」という動機だ。重症児の母親らは子どもたちの幸せを第一に考えるからだ。北海道札幌市の宮本佳江が始めた重症児デイサービスは「代表がお母さんだから、気持ちをわかってもらえる」と、利用する母親らに信頼されている（39頁参照）。

そもそも重症児の母親は、重症児のケア経験が最も豊富である。何年も重症児といっしょに暮らしているのだから、その経験にはどんな医師も看護師もかなわない。

また、生まれたわが子が重症児だとわかったとき、母親なら誰でも多かれ少なかれ葛藤があるが、それらを乗り越えてわが子の障害を受容してきた母親は、精神的にもたくましい。

母親以外でも父親、あるいは重症児の祖父母、さらには親の会などのグループとして立ち上げようとするケースもある。動機において母親同様に注目している。

人口1万8000人の福井県永平寺町にあるNPO法人「はぁもにぃ永平寺」は、もともと母親や特別支援学校の教師、看護師らで重症児の居場所づくりをしてきたグループだった。子どもたちの地域生活をどうつくるのか、鈴木と「ふれ愛名古屋」を紹介した新聞記事を見て相談に訪れたのがきっかけで、2015年に重症児デイサービスを始めた。

過疎地域だが、大学病院もある福井市など隣接地域からの利用もあり、いまでは生活介護も始めて施設も拡大している。

②自分の資格を生かしたい

第2は「自分の資格を生かしたい」という動機だ。特にNICUや小児科などで重症児に関わった経験がある医師や看護師は、専門知識の点からも大いに注目すべき存在だ。茨城県ひたちなか市の紺野昌代のように、小児科専門病院での勤務経験がある看護師でしかも3人の重症児の母親というのは、最強の組み合わせといえる（43頁参照）。

ほかに、重症児のリハビリテーション経験がある理学療法士、作業療法士、言語聴覚士などの医療専門職にも注目している。重症児を受け入れていた保育園などで保育経験がある保育士、特別支援学校などで重症児を担当していた教師なども同様である。

京都府向日市の神谷真弓は、重症心身障害児者の入所施設や通所施設で働いてきた理学療法士である。地域療育等支援事業にも携わり、重症児宅も訪問していた。そのなかで、地元に子どもたちが通える施設などがなく、リハビリなども遠くまで行かなければならないなど、母親らの悩みに触れた。何か自分にできることがないかと模索していたときに、仕事仲間などの情報で重症児デイサービスを知ったという。

そこで、自らの資格もより有効に生かそうと、一般社団法人「からふる乙訓」を立ち上げ、多機能型の重心児童デイ「からふる・ぶらんしゅ」を新築して、2017年から放課後等デイサービスと児童発達支援事業を始めている。

③困っている人の役に立ちたい

第3に「困っている人の役に立ちたい」という動機にも注目している。私利私欲ではないからだ。これらは重症児者支援関係者、あるいは行政や教育・社会福祉経験者などで重症児者関係者とともに行う人たちに多い。

もともと鈴木が「ふれ愛名古屋」を始めたきっかけもここにあった。重症児の母親ではない上野多加子も、看護師としての資格を生かして困っている母親たちの役に立ちたいと考えたことが出発点だった。

東京都目黒区の松尾由理江は、療育機関で指導員として働いてきた。自身も生まれたばかりの重症児を生後2日で亡くしている。10年以上前のことだ。その後、相談支援専門員としても区内の重症児らの家庭と関わってきた。

それらを通して、夜眠れない、病院にも美容院にも行けない、夫婦関係も悪くなるなど母親らが疲弊しているのを知った。子どもが生きていればそれは自らの姿だったに違いない、と衝撃を受けたそうだ。実は自らも疲弊して離婚を経験している。

「子どもの居場所をつくる。それで親と子が少しでも離れる時間ができれば、お母さんが笑顔になれるし、女性らしく人間らしい生活ができる。するとお母さんが生き生きする。そしたらお子さんも笑顔が出る。母子が笑顔で幸せになれば、お父さんも幸せになれる。すると家族の調和が取れて、幸せな家庭になる。そしたら私の二の舞にならなくて済むと思って……」

と話す松尾はいま、2020年5月オープンを目標に、放課後等デイサービスと児童発達支援の多機能型重症児デイサービスを準備している。

2 事業を始める前に大切なこと

重症児デイサービスなどの事業を始めるためにはまず、その事業を運営する法人を設立する必要がある。

その法人が事業申請をして事業所を開設するのがごく大雑把な流れだ。それらを進めるために大切なことは次の通りである。

「事業を始めるまでの流れ」

①理念、事業計画、重症児デイサービスの基本構想をつくる
②法人を設立する
③事業の準備をする
・行政との相談　・資金調達　・人材の確保　・事業場所の確保と改装
④事業認可申請
⑤利用者案内

①理念の形成とその重要性

理念は、「自分たちは何のためにこの法人をつくり、何をめざしてどんな事業を行うのか」という、法人運営すべての基盤である。常に立ち戻るべき基本ともいえる。これをふさわしい内容でつくることが、後の運営に大きく影響する。法人の種類はいくつかあるが、この基本は同じである。したがって最初に熟考する必要がある。

その際に大切なことは、「重症児者の地域生活を創る」という思いで始めるのだから、理念のなかに

も何らかの形でそれが反映されるべきだと考えている。たとえば「ふれ愛名古屋」の理念は次の通りである。

重症児者の笑顔と未来を創る

どんなに重い障がいがあっても
地域の中で一人暮らしができるように
必要なサービス　必要な居場所を創り人財を育てます
子どもたちが笑顔で　安全に健康で過ごせるように
ともに考え　ともに歩み　ともに創っていきます

冒頭の「重症児者の笑顔と未来を創る」は「キャッチフレーズ理念」、後半は「展開理念」と、それぞれ呼ばれる。理念は大きくこの2つの要素に分けることができる。

キャッチフレーズ理念は、短くて覚えやすく、誰でもどこでもすぐにいえるものだ。「ふれ愛名古屋」では、社員研修などで常に理念を徹底しているほか、全員の名刺に入れるなど、さまざまな機会に目に触れるようにしている。展開理念は、キャッチフレーズ理念を端的に説明したものだ。

この理念にいう「笑顔」の対象は、子どもと母親とスタッフである。スタッフも含めるのは、重症児が将来1人で暮らすために、それを支援する人を育てなければならないから。そのスタッフも幸せでなければいけない、という思いを込めている。そして「未来」に、重症児者の地域生活を支える5つの柱（130頁参照）がイメージされている。

どんな組織でも多かれ少なかれ、人間関係でギクシャクすることはよくある。総論ではまとまっても、直面する問題では意見が分かれることも少なくない。そうしたときこそ、この理念に立ち戻るべきである。よく考えて練り上げた理念であればあるほど、問題解決の役に立つ。

(2) 事業計画をつくる

理念ができたらそれにもとづいた事業計画をつくる。事業計画には長期計画（6年以上）、中期計画（3〜5年）、短期計画（1〜2年）の3種類がある。その際、重症児の地域生活を支える5つの柱の図を使うと考えやすい。

まず、5つの柱にもとづいて10〜15年後に運営している施設の図をつくる。たとえば15年後に図表1に書き出した施設をすべて運営しているとすれば、それが到達目標になる。次に、それぞれの施設の枠に、開設予定時期を書き込んでいく。予定時期に応じて長期、中期、短期ごとに色を変えるなどすれば、ビジュアル的にもひと目でわかる事業計画になる。

ただし、法人設立申請の際に2年分の事業計画書が必要になる。この図式では足りないから、短期計画については、設立申請用の事業計画書、活動予算書を中心に考えるのが合理的だ（156頁参照）。

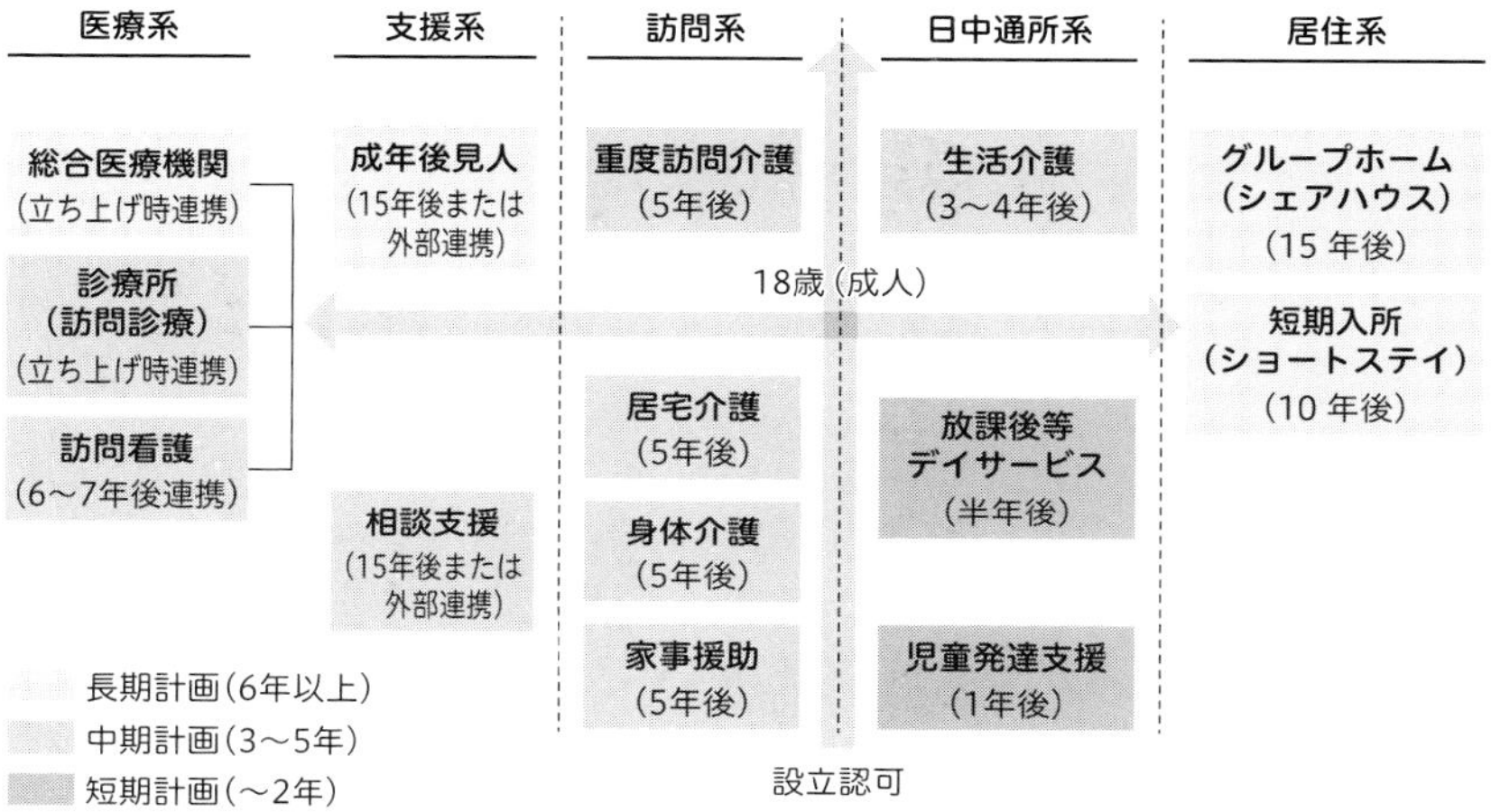

注

(1) 日中通所系・重症児デイサービスから始める

①法人立ち上げ後、半年をめどに放課後等デイサービス単独か、放課後等デイサービスと児童発達支援の多機能型で始めるとよい。最近は多機能型で始める事業所が多い。

②放課後等デイサービスで中学生または高等部生の成長に合わせ 3 〜 4 年後くらいをめどに生活介護を立ち上げる。

(2) 訪問系

③ 5 年後くらいをめどに居宅介護と重度訪問介護を立ち上げる。この 2 つは同時に立ち上げてもスタッフの兼任が可能。

(3) 医療系

④総合医療機関（提携医療機関）および診療所（嘱託医）は、日中通所系事業立ち上げのときに連携が義務付けられている。

⑤訪問看護は当初より地域連携で行うことが望ましいが、立ち上げも可能。

(4) 支援系

⑥成年後見人は外部専門家と連携することが望ましいが、万一設立するときはグループホーム設立と連動するとよい。

⑦相談支援は早い段階で設立することが望ましい。外部連携も可能。

(5) 居住系

⑧短期入所およびグループホームは、スタッフの教育と人手が必要なため、長期計画に入る。

図表 1　事業計画の例

重デイネットでは、まず放課後等デイサービスや児童発達支援事業から事業を始めることを推奨している。したがってほとんどの場合、短期計画はこれらになる。そこから出発して、それぞれの事情を反映しながら計画をつくっていく。

細川由貴は、息子の特別支援学校高等部の卒業が数年後に迫っていたから、それに間に合うよう、まず短期計画で重症児デイサービスを開設し、中期計画で3年目に生活介護をオープンする事業計画を立てた。その際、生活介護も同じ施設内で実施することにした。

この計画にもとづき、最初から広いスペースの事務所を確保した。途中、生活介護開始時に予定していた入浴設備を前倒しで設置した。この結果、生活介護開始時の初期費用も抑えられ、いつでも開始できるようになっている（88・90頁参照）。

もちろん、計画変更になる場合もあり得る。思った以上に放課後等デイサービスの需要が多く、事業所を増やす必要に迫られるかもしれない。それらには柔軟に対応していけばよい。

ちなみに事業拡大時は可能な限り、定員を増やすよりも事業所を増やすほうがよい。定員5人の運営が最も効率がよいからだ。

（3）重症児デイサービスの基本構想をつくる

次に、最初に取り組む重症児デイサービスをより具体化するため、地域を分析し、事業スタイルと実施事業を決めて、基本構想を整えていく。

①地域分析

地域分析のポイントは、まず人口規模である。人口1万人に4〜7人前後の重症児者がいるとされている。経験上、単独で事業をする場合、おおむね10万人（重症児者が40〜70人）が重症児デイサービスの採算点になる。

また、社会資源の状況も確認しておく。放課後等デイサービスを実施するには、重症児が通う特別支援学校の有無、在籍する重症児の人数などを把握する必要がある。特別支援学校の近くに開設できるかどうかも、利便性を大きく左右する。車で1時間以上かかるようだと、基本的には対象外と見なければならない。

児童発達支援を実施する場合は、重症児対応の病院やＮＩＣＵの有無、その状況などを調べる必要がある。

さらに、重症者が利用できる医療的ケアに対応した生活介護の有無なども把握しておく。

②事業スタイルの選択

事業スタイルは都市型、中核都市型、小規模都市型、過疎地型に分類できる。それぞれ、運営方法が違ってくる。

都市型は、政令指定都市や人口60万人以上の都市で事業実施する場合である。連携できる社会資源も多い。対象を絞り込んで事業展開するのが効果的である。

中核都市型は、人口20~50万人程度の都市で事業実施する場合である。周囲に同様のサービス事業者がどの程度展開しているのかなどをよくチェックする必要がある。人口が減ってくると、対象を絞り込むよりも、年齢層を上下に広げていくほうが、利用者確保に効果的である。

小規模都市型は人口5~20万人程度の都市で事業実施する場合である。人口10万人の採算点を含んでいるが、人口が少ない地域では、後述の過疎地型と同様の工夫が必要になる。

過疎地型は人口5万人以下の市町村などで事業実施する場合である。採算点を割っているため、対象地域を周囲に広げたり、後述する主に重症児者対象の多機能型事業所に認められる特例（次頁参照）を活用したりするなど、工夫が必要である。なかには、1人しか重症児がいない地域でその子に対応するために、一般のデイサービスをつくって受け入れを準備しているケースもある。

③事業を決める

事業には次のように、児童福祉法にもとづく放課後等デイサービスと児童発達支援、および障害者総合支援法にもとづく生活介護の3つのサービスと、それらを組み合わせた多機能型の4つのパターンの、合わせて7つの選択肢がある。

●**児童発達支援事業**　未就学児を対象にしたデイサービスである。主に重症児を対象とするデイサービスは定員5人以上で実施できる。

●**放課後等デイサービス**　学齢期の子どもたちを対象にしたデイサービスである。同じく定員5人以上である。

●**生活介護**　基本的に18歳以上の障害者を対象にした大人のデイサービスである。ただし、児童福祉法の規定により児童相談所長が利用を適当と認めた場合は、15歳以上でも利用が可能だ。定員20人以上で実施できる。

●**多機能型**　複数の事業を組み合わせて実施する場合だが、主に重症児を対象とする多機能型事業所には、特例*により次のような組み合わせと定員配置が認められている。

- 児童発達支援事業＋放課後等デイサービス（合わせて定員5人以上）
- 児童発達支援事業（定員5人以上）＋放課後等デイサービス（定員5人以上）
- 児童発達支援事業＋放課後等デイサービス＋生活介護（合わせて定員5人以上）
- 児童発達支援事業＋放課後等デイサービス（合わせて定員5人以上）＋生活介護（定員5人以上）

＊多機能型の特例＝厚生労働省「障害児通所支援事業者の指定に関する留意事項」（平成24年4月施行／令和元年12月一部改正）は、その「II　障害児通所支援事業個別事項」の「6　多機能型事業所の特例」において、次のように規定している。

「6　多機能型事業所の特例

（i）基本方針

児童発達支援、医療型児童発達支援、放課後等デイサービス、居宅訪問型児童発達支援及び保育所等訪問支援の事業については、一体的に事業を行うことにより、多機能型事業所として指定を受けることができる。

（中略）

（ⅳ）運営基準
○ 利用定員に関する特例
① 他の規定にかかわらず、当該多機能型事業所が行う全ての障害児通所支援を通じて10人以上とすることができる。
② 利用定員が20人以上である多機能型事業所（障害児通所支援のみを行う多機能型事業所を除く）は、各障害児通所支援事業の利用定員を5人以上とすることができる。
③ ①及び②の規定にかかわらず、主として重症心身障害児を通わせる多機能型事業所は、その利用定員を5人以上とすることができる。
④ ①及び②の規定にかかわらず、主として重度の知的障がい及び重度の上肢、下肢又は体幹の機能の障がいが重複している障がい者につき行う生活介護を併せて行う場合にあっては、その利用定員を、当該多機能型事業所が行う全ての事業を通じて5人以上とすることができる」

なお生活介護以外、定員が増えると報酬単価は下がる。また、多機能型事業所の重症児者特例については、行政の担当者まで徹底されていない場合もあり、注意が必要である。これらのうちから、地域分析や選択した事業スタイルも考慮して、最終的に実施事業を決める。これにより、重症児デイサービスの基本構想ができる。

(4) 学ぶ

事業開始前も開始後も、常に学ぶことが重要である。重デイネットでも、全国研修などで学ぶ機会を提供している。

①学ぶ内容

支援内容については、重デイネットの会員施設などを見学し、実地で学ぶのが最も有効である。子どもたちについて学ぶのも大切である。たとえば障害について、自分の子どもについてはよく知っていても、ほかの子の障害についてはわからないことがある。また、息を吸ってしゃべるようになったナギサちゃんなど、予想外の発達を見せる場合もある（124頁参照）。医療や医療的ケアも日々発展していく。これらについての学習は欠かせない。

各種の制度についても、関係する法律や制度が頻繁に変わっていくから目が離せない。

②学ぶ対象

まず、子どもたちから学ぶことだ。茨城県ひたちなか市の紺野昌代は、人材教育を行うときに具体的なことは「教えない」という。

「重症児は話せなかったり、体を自由に動かせなかったりする分、たくさんの感情があります。だからこそ、子どもたちにたくさん触れて話しかけて、子どもたちから対応を教えてもらってほしいのです。どうしてほしいのかは、子どもたち自身が表情などのツールを使ってたくさん発信しています」

と紺野は話している。

また、母親らから学ぶことだ。北海道札幌市の宮本佳江は、利用者の母親らの声を聞き、母親の立場で現場に伝えている（39頁参照）。たとえば、ケアの方法が現場と家庭で異なることはよくあるが、慣れた家庭の方法のほうがその子にとってストレスが少なく調子もよいことが少なくない。自分たちのほうが専門家だと考えず、それらに謙虚に耳を傾けることが重要である。

さらに、ほかの事業所から学ぶことだ。どこの事業所でも独自にさまざまな工夫をしてデイサービスを運営している。それらを学び合うためにも、重デイネットでは、互いに訪問し交流することを推奨している。

3 法人を設立する

(1) 法人とは

世の中には個人と法人がある。個人は「自然人」とも呼ばれる。個人で何か事業を行えば個人事業主である。一般に、個人事業として実施できる事業の範囲は幅広い。

では法人とは何か。法人について、『大辞林』は次のように説明している。

自然人以外で、法律上の権利義務の主体となることができるもの。一定の目的の下に結合した人の集団あるいは財産についてその資格が認められる。（松村明編『大辞林』第三版、三省堂、2007年）

つまり法律上、法人は個人と同じような人格が認められた組織である。それゆえ、法人もさまざまな事業を行うことができる。法人は公法人と私法人に大別できる。公法人は独立行政法人や公庫などが、私法人は株式会社などの営利法人や、社会福祉法人、NPO法人などの非営利法人が、それぞれよく知られている。

重症児者の地域生活を創るために必要なのは、主に社会福祉事業である。かつて社会福祉事業を実施できるのは、国・地方公共団体と社会福祉法人だけだった。現在は、第一種社会福祉事業が原則として行政と社会福祉法人に限られているが（社会福祉法第60条）、それ以外でも都道府県知事の許可を受ければ経営は可能で（同法第62条の2）、第二種社会福祉事業には経営主体に制限がない（同法第69条）。よって、第二種社会福祉事業は株式会社などの営利法人でも経営が可能だ。

第二種社会福祉事業は主に在宅サービスなどが中心である。図表1（145頁参照）に示した放課後等デイサービスや児童発達支援、生活介護など重症児者の地域生活を支える事業は、医療系を除いていずれも第二種社会福祉事業に含まれる。それを経営・運営する法人形態の選択肢としては、NPO法人、一般社団法人（非営利型または営利型）、株式会社、合同会社などが挙げられる。

(2) NPO法人で始める

重デイネットでは、総合的な観点から基本的にNPO法人を、場合によって一般社団法人（非営利型）を推奨している。

ＮＰＯ法人は「特定非営利活動法人」の略称であり、特定非営利活動促進法にもとづいて「特定非営利活動」を行う法人である。

「特定非営利活動」は同法の別表に20項目が規定されている（資料）。その冒頭に「保健、医療又は福祉の増進を図る活動」が含まれている。第2項には「社会教育の推進を図る活動」が、第13項には「子どもの健全育成を図る活動」もある。重症児者の地域生活を創る事業は、こうした特定非営利活動促進法の趣旨に合致している。

そしてＮＰＯ法人は、社会的信頼が高く非営利の社会貢献活動をアピールしやすいこと、設立費用も少ないこと、民間助成を得やすいこと、借り入れに際しても信用保証を得やすいこと、さらには税制上も優遇措置があることなど、メリットが大きい。

その一方で、早くても3か月以上と設立に

資料　NPO法人が行える特定非営利活動

① 保健、医療又は福祉の増進を図る活動
② 社会教育の推進を図る活動
③ まちづくりの推進を図る活動
④ 観光の振興を図る活動
⑤ 農山漁村又は中山間地域の振興を図る活動
⑥ 学術、文化、芸術又はスポーツの振興を図る活動
⑦ 環境の保全を図る活動
⑧ 災害救援活動
⑨ 地域安全活動
⑩ 人権の擁護又は平和の推進を図る活動
⑪ 国際協力の活動
⑫ 男女共同参画社会の形成の促進を図る活動
⑬ 子どもの健全育成を図る活動
⑭ 情報化社会の発展を図る活動
⑮ 科学技術の振興を図る活動
⑯ 経済活動の活性化を図る活動
⑰ 職業能力の開発又は雇用機会の拡充を支援する活動
⑱ 消費者の保護を図る活動
⑲ 前各号に掲げる活動を行う団体の運営又は活動に関する連絡、助言又は援助の活動
⑳ 前各号に掲げる活動に準ずる活動として都道府県又は指定都市の条例で定める活動

（出典：特定非営利活動促進法の別表より）

時間がかかること、10人以上の「社員」と呼ばれる会員が必要なこと、法人の基本的な情報は内閣府のホームページでも公開されるなど情報公開が必要なことなども、あらかじめ知っておく必要がある。

なお、一般社団法人は「一般社団法人及び一般財団法人に関する法律」にもとづくもので、誰でも設立できる法人である。営利型と非営利型があり、非営利型はNPO法人に似ている。どんな事業でも自由に実施でき、役員数が少なくて設立に要する時間も短いが、税制上の優遇は非営利型に限られ、信用保証や民間補助金などの外部支援も受けにくい。

③ NPO法人設立の流れ

NPO法人設立の大まかな流れは次の通りである。

①NPO支援センターなどに相談する。
②まず設立発起人会、続いて設立総会を開催する。
③その後、設立申請書類（設立申請書および特定非営利活動促進法第10条に規定する10種の書類）を作成して都道府県など所轄庁に提出する。申請書類は受理されてから1か月間、市民らの閲覧に供する縦覧期間がある。縦覧期間終了から2か月以内に認証または不認証が決定される。
④認証されたら法務局に設立登記を申請する。その提出日がNPO法人の設立日となる。登記には1～2週間かかる。

⑤登記されたら所轄庁に法人設立を届け出て、一連の手続きが完了する。

ＮＰＯ法人の設立については、各地に支援センターがあるほか、解説書やインターネット上の解説サイトも多数ある。まずは支援センターに相談することである。それらを活用し、専門家には任せず、基本的に自力で設立することを推奨している。そこで苦労することも、後の法人運営、事業所経営に生きてくると考えている。

ＮＰＯ法人には10人以上の社員と、３人以上の理事、１人以上の監事が必要である。社員は役員にもなれるから、最低人数が10人となる。設立総会までには揃える必要がある。

申請書類のなかに、設立主意書、定款、事業計画書、活動予算書があるが、これらを作成するためにも、前節で触れた理念や事業計画、事業の基本構想などの検討が重要である（141～150頁参照）。

また事業計画、活動予算書はいずれも2年分必要である。これは短期計画に該当するが、文書で作成する必要があるため、前節で例示した図式では不足である。よって事業計画を考える際も、短期計画については、最初から提出用事業計画書、活動予算書を中心に検討するのが合理的である。

また、一般社団法人についても同様に解説書や解説サイトが多数あるから、それらを参照されたい。

4 事業を準備する

(1) 行政との相談

重症児デイサービス事業などの準備は、時間がかかる法人設立と並行して行うのが合理的である。法人設立申請が受理されると認証日の見通しが立つから、そこに向けて準備を本格化できる。事業の認可にも準備を含めて2~3か月はかかる。そのため、法人設立後にただちに事業の認可申請準備にかかれるよう、次項以降の内容について行政などと事前相談を進めていく。

慣れないことも多く、すでに触れた法人設立の際、あるいは事業申請をする際、そして資金を借り入れる際、さらに物件の確保の際に、それぞれ壁にぶつかるケースが少なくない。特に物件については、目的用途変更や建築確認書、消防検査など注意すべき事項も多く、行政など関係機関とよく相談することが重要である。

(2) 初期費用と資金調達

重症児デイサービスを始めるには、事業所を賃貸する場合で、おおむね1000~1500万円(首都圏等では2000万位)の初期費用が必要である。金額的には都市部と地方など開設場所によっても違うが、内容的には次のような費用を用意しておく必要がある。

・事業スペース賃貸料（半年～1年分）
・事業所改装費用（バリアフリー化、トイレなど）
・事業所備品購入（最低備品からスタート）
・車両購入費（リースは避けて中古車など）
・運転資金
　当初赤字補填（1～6か月分）
　運転資金（1～2か月分の給与と経費）
　返戻対応準備金

2019年から、建築確認申請上の目的用途変更をしなくてよい広さが199㎡までに拡大されている。そのため事業スペースは、資金に余裕があれば、できるだけ広いところを確保するよう推奨している。将来複数の事業を行うようになっても、トイレや相談室などのスペースを共有できるため、別の建物で実施するよりも効率的だからだ。

また、国民健康保険団体連合会（国保連）を通じて市町村などに給付費を請求するが、入金は月末〆請求で翌々月の20日である。ある月の1日に事業を開始すると、最初の入金はその2か月と20日後になるから、その間の運転資金も確保しておかなければならない。

しかも、請求にミスがあると支払われず、改めての再請求になる。慣れないうちはミスが起こりやすいから、それに備えるのが「返戻対応準備金」である。

これらの資金は自己資金と借入金で調達する。借り入れにも総額の10％以上の自己資金が条件とされる場合などがある。そのため100～数百万円の自己資金は必要だが、日本政策金融公庫の無担保・無保証人融資や、地域の金融機関が分担する協調融資なども利用できる。

借入金の返済は、健全経営ができれば十分に可能だ。なかには、数年の据置期間が設定されるものもある。

(3) 人材の確保

重症児デイサービスで児童発達支援と放課後等デイサービスを実施する場合、次のような人員配置が必要である。このうち「専任配置」はデイサービス開所時間中の配置義務がある。

- 管理者＝1名（専任、他職務兼任可）
- 児童発達管理責任者＝1名以上（専従、常勤）
- 看護職員（正看護師、准看護師、保健師、助産師）＝1名以上（非常勤可、専任配置）
- 児童指導員・保育士＝1名以上（非常勤可、専任配置）
- 機能訓練担当職員（理学療法士、作業療法士、言語聴覚士等）＝1名以上（週1回以上〈訓練時〉配置）
- 嘱託医＝1名以上

管理者は事業所の管理や統括が仕事で、ほかの職種と兼務することができるが、特別の資格要件はない。母親が立ち上げた場合で無資格だと、必然的に管理者にならざるを得ない。

児童発達管理責任者は、子どもたちの個別支援計画を作成するのが中心的な仕事である。資格要件に実務経験が含まれ、都道府県が実施する研修を受ける必要がある。必要な実務経験は5年以上で、うち3年は児童・障害児者の経験が必要とされているが、保有資格によっても違いがあるため、対応する行政によく確認する必要がある。* 人材確保にも苦労する職種である。

児童指導員は、社会福祉士や精神保健福祉士の有資格者、教員免許保有者、社会福祉主事任用資格保有者、無資格者でも3年以上児童福祉事業に従事した経験者などであれば可能だ。

なお、人員配置基準の解釈が都道府県によって異なる場合があり、注意が必要である。

本書で紹介した各地の事業所は、どこも笑顔があふれている。スタッフが笑顔で生き生きと仕事をしているのはチームワークのよさの表れでもあり、成功の大きなカギである。重症児に限らずさまざまな障害児の母親や家族らが、各種の職種で働いているのも特徴である。

スタッフを集めるにも、母親らのネットワークや口コミの影響は大きい。母親らは日頃の通院などで看護師や機能訓練士とつながりがあるからだ。そこから人材が見つかることもよくあるし、母親自身が看護師などの有資格者ということも少なくない。

人材を迎えるときは、チームワークを大切にする人や、自己評価が低くても客観評価が高い人に注目すべきである。また、全体的に女性が多い職場が多いが、男性にも注目すると、将来頼れる人材に育つかもしれない。そして、採用前には必ず現場を見学してもらうことが重要である。

スタッフが確保できたら、すでにオープンしている事業所などの協力を得てそこでの研修にも取り組み、事業開始に備えていく。

また人材を育てるためには、持続的な教育・研修が重要である。特に理念については、時間をかけてていねいに伝えていく必要がある。重デイネットの全国研修なども、積極的な活用を推奨している。

職種としては、やはり看護師が要になる。同時にほとんどの事業所で、誰がどの職種なのかわからない服装で仕事をしている。

＊児童発達管理責任者の要件等について詳しくは、次のサイト（医療介護求人ジョブメドレー）の記事「【2020年最新版】児童発達支援管理責任者の要件や2017年4月からの変更点・就業場所・給与を調査しました！」が参考になる。
https://job-medley.com/tips/detail/760/

④ 事業場所の確保と改装

事業場所を探す際に重要なのは、まず立地である。場所の選択は、事業の成否に大きく影響する。放課後等デイサービスでは特別支援学校の近く、児童発達支援ではＮＩＣＵがある病院の近くがより望ましい。

物件としては、空き店舗や空き事務所は有望である。特に店舗は基本的にバリアフリーであることも多く、改装費を節約できる。一軒家の場合はバリアフリー化などで改装費がかさむ場合がある。

また、ふさわしくないのは倉庫だった物件である。断熱材が使われていなかったり埃っぽかったりすることが多く、改装費も高くつくため、推奨していない。

広さが199㎡を超える物件を重症児デイサービスとして使うには、たとえば空き店舗だったところなら「物販店」から「デイサービス」への目的用途変更の申請が必要になる。用途によって採光や換気などの基準が異なるからである。その申請時には検査済証または建築確認書が必要になる。目的用途変更にかかわらず、特に都市部では建築確認済証が必要になる場合があるから注意が必要である。避難経路や消火器などで消防署の指導も受ける必要がある。

重デイネットでは、目的用途変更が不要な範囲で、できるだけ広い物件を確保することを推奨している。事業場所が決まると、改装工事の準備を進める。改装はバリアフリー化のほか、次の設備は設備基準で設置義務がある。

●**指導訓練室**　面積規定はないが、1人あたりおおむね3・24㎡以上としている自治体が多い。これだけではとても足りないから、重デイネットでは最低でも60㎡以上を推奨している。最大定員の利用者、マンツーマンだから同人数のスタッフ、および利用者人数分の車いすを置くスペースなどが必要になるため、可能な限り広いスペースが望ましい。たとえば、5人定員でも最大定員を7人としている場合、5人ではなく7人を想定してスペースを確保しておく必要がある。

●**トイレ**　規格などに特段の定めはないが、トイレ内で横になることを考慮してスペースを確保することが望ましい。

●**相談室**　個室である必要はないが、プライバシー確保は必要である。

●**事務室**　設置義務はないが、最低でも2組の机と椅子が入る広さを確保することが望ましい。

そのほか、給食を実施する場合は給食室が必要になる。それには保健所の指導が必要になる場合がある。

なお、備品にも設置義務があるものがある。

●**事務用備品**　パソコン、鍵付きロッカー、電話、ファクスは必ず設置しなければならない。パソコンには、給付費の国保連請求用に指定のソフトが必要である。そのほかに、事務用、相談室用の机や椅子も必要である。

●**運営用備品**　手指消毒は必ず設置しなければならない。そのほか、クッションチェア（座位保持用いす）、障害児用チャイルドシート、折り畳み机、冷蔵庫、洗濯機、掃除機、エアコンなども義務ではないが必要になる。

●**送迎用車両**　義務はないが、スロープ車またはリフト車など車いすに対応した送迎車両が必要である。

改装が終われば写真を撮影しておく。事業認可申請に必要になる。

こうして、事業所とスタッフの準備が整ったところで、正式に事業認可申請をする。多くの場合、月末締めで翌々月1日が事業認可日となるが、行政によっても異なるから、あらかじめよく確認しておく必要がある。

(5) 利用者を集める

法人を設立し、人材確保や事業所改装工事などの準備に目途が立った段階で、いよいよ利用者案内をするなど事業の開始をめざした準備を始める。

利用者案内の方法には、大きく2つの方法がある。

1つは、事業所の改装工事なども進んで形が見えてきていれば、その内覧会などを開催する方法がある。実際に事業所に足を運んでもらうとともに、デイサービスも体験してもらうことができる。スタッフにとっては、実際の事業開始前のリハーサル的研修にもなる。

もう1つに、講演会などを開催する方法がある。鈴木や、すでに開設している事業所の代表者らが体験を話すことで、参加した人たちにオープン後のイメージをつかんでもらうことができる。

これらを企画し、特別支援学校、相談支援事業所、行政、同じ地域の障害福祉事業所などに案内状を送ったり、案内チラシなどを配布したりするとよいだろう。オープンまでに10人の利用契約を確保できるのが望ましい。

10人の利用契約があると1日平均3・5人の利用が見込める。5人定員の場合、ここが採算分岐点である。つまり稼働率70%であり、日常的な稼働率管理においてまずはここをめざし、さらに稼働率100%を目標にしていく。

稼働率を向上させていくためには、よくあるキャンセルに上手に対応することである。そのためは、定員を越えた予約を適切な範囲で「キャンセル待ち」にするとよい。実際にキャンセルが出れば「キャンセルが出ましたが、どうしますか？」と連絡して繰り上げる。こうした稼働率管理が未来につながる。

また、収入に対する健全な経営指数は、人件費60％、家賃10％、各種経費20％、収支差額10％である。

この10％の収支差額によりスタッフの待遇改善や次の事業への投資が可能となる。

Epilogue
ピンチはチャンス

1 「動かないの、いいがね……」

鹿児島県鹿児島市の和田朋子は現在、NPO法人「障害児フォーラムかごしま」の理事長を務め、医療的ケア児を対象にした生活支援センター「えがお」、同「えがおⅡ」（いずれも児童発達支援、放課後等デイサービス）、障害児等相談支援事業所「みんなのえがお」、療育支援事業所「えがおⅢ」、そして「えがおクリニック」を運営している。

娘は、非ケトーシス型高グリシン血症と呼ばれる難病だった。主治医からは「100万人に1人」の症例と説明された。産後すぐにNICUに入った。「長くても4か月」ともいわれていた。

和田は毎日午後2時から7時までNICUにいたそうだ。和田の実母も付き添っていたがNICUには入れず、ずっと外で待っている日々だったという。あるとき「このまま死ぬから、おばあちゃんに一度見せてあげないと」という話になって面会が実現した。

実母は開口一番、こういった。

「まあ、なんてかわいいの。こんなにおとなしくてかわいい子って初めて見た」

そして、管がたくさんついていた娘を抱っこして、さらにこういった。

「あんたいい子が生まれたねえ。こんなにかわいいのに、泣いてるの？　あんた育てられんなら、私が育てるわ。元気な子のほうが大変だよ。動かないの、いいがね。育てれば……」

和田にとって、病院関係者以外にいわれた初めての「かわいい」だったそうだ。

「死にたいくらいだったのですが、私もかわいいと思い始めて、それから復活しましたね。それからはつらくありませんでした」

と和田は、一般社団法人全国重症児者デイサービス・ネットワーク（以下「重デイネット」）が２０１７年2月に開催したシンポジウムで語っている。

その後、娘は4か月頃から自発呼吸を始めた。５種類ほどのけいれん発作もあったが、小児科病棟に移って6歳まで入院生活を続けた。その間、和田も病院で暮らしていたそうだ。

その入院中に親の会で、先に退院していった子どもの母親たちから、障害児がいたら仕事を探しても採用されないこと、兄弟の運動会などにも行けないこと、自分が体調を崩しても病院に行けないなどの話を聞いた。

娘が退院して自宅での生活が始まると、それはそのまま和田の生活でもあった。実際、訪問看護の時間を利用して受診しても、待ち時間が長くて診察前に帰らざるを得なかった。やっと診てもらったら、骨折した骨がつき始めていたこともあったという。

和田は、どうすればいいのか毎日考え調べていた。そして、厚生労働省のホームページで、

2012年の法改正により自分たちでも重症児デイサービスが可能になると知った。その2012年にNPO法人を設立して事業を開始している。

「全てのお母さんは毎日、一生懸命頑張っています。たまには息抜きもしないと疲れ切ってしまいます。でも休めない家事と育児。そして、医療的ケアがある重症心身障がい児は看護婦さんがいないと預かって頂けないという現実問題。『だったら、自分たちで作ろうよ!』と声を上げたのが始まりでした」と、和田は生活支援センター「えがお」のホームページの「理事長のあいさつ」に書いている(http://www5.synapse.ne.jp/egao/)。ここにも「なければ創ればいい」と考えた人がいた。

残念ながら、その娘は2017年に亡くなった。13歳だった。けれども「娘が生きがいを与えてくれました」と、和田は元気に事業所運営を続けている。

重デイネットの鈴木由夫代表理事は「ピンチはチャンス」と強調する。

「事業を始めてからも、たくさんの問題に直面します。そのときに大切なのは、初心を忘れず〝ピンチはチャンス〟と考えられるかどうかです。そして、それを支えるのは自分自身ではなく、仲間やお母さんたちだということです」

人は自分の考え方次第で、目の前の風景をガラリと変えることができる。鈴木自身も新垣牧師との出会いが人生を変えた(12頁参照)。和田のピンチをチャンスに変えたのは、実母のひとことだった。そして本書で紹介したケースも、それぞれピンチをチャンスにしてきた人たちばかりだ。

「問題を1人で解決しようとせず、いろいろなところに相談すると、いろいろな知恵をもらってうまく解決できるケースがよくあります。だからこそ、同じ立場で考えることができる重デイネットの仲間たちとつながってほしいと思っています」

と鈴木は話している。

2 台風19号で被災して

2019年10月12日夜に関東、甲信、東北地方を襲った台風19号で、福島県いわき市のNPO法人「まますはーと」が運営する重症児デイサービス「どりーむず」は、事業所が腰の高さまで床上浸水し、送迎車も水没する多大な被害を被った。

理事長の笠間真紀も、人工呼吸器をつけた9歳の息子を含む家族6人で車に乗って高台に避難した。地元紙に次のように紹介されている。

「避難所で医療機材を置く場所や命をつなぐための電源が確保できるか、万一、容体が変わったときに混雑した駐車場に救急車が入れる広さはあるのか—。笠間さんたちは避難所に行かず、大雨が車体を打ち付ける中、車中で朝を迎えた」(「福島民友」2019年11月13日付)

同事業所のスタッフも、自宅が床上浸水して2階で避難生活をしていたという。娘は気管切開していて「どりーむず」の利用者でもある。子どもの「健康状態を気づかいながら、片付けを両立するのは厳しい」(同前)状態だった。

重デイネットはただちに支援を開始した。代表理事の鈴木自身に被災経験も災害ボランティアの経験もあるから、災害対応には敏感だ。２０１８年の北海道胆振東部地震をはじめさまざまな災害の際に支援してきた。

被災翌日の13日から重デイネットとして救援募金を呼びかけるとともに、福島県福島市の重症心身障害児通所支援事業所「ａｏｚｏｒａ・リノ」、茨城県ひたちなか市の重症児デイサービス「ｋｏｋｏｒｏ」など近隣事業所をはじめ、各地から交代で支援に入った。送迎車や車いすなども貸し出した。

事業所１階にあったデイサービスの用品や冷蔵庫、洗濯機、パソコン、ＦＡＸなどの備品類はすべて廃棄せざるを得なくなった。床下には泥が堆積していた。同じ場所での再開は当面不可能だったが、災害復旧のためにも子どもたちを預かることは急務だった。

そこで仮事業所を探したところ、医療法人医和生会の協力を得ることができた。おかげで被災４日後の16日、行政からも非常時の特例で認可を受け、同法人の医療施設の一角を仮事業所としてデイサービスを再開することができた。

全国からの募金は３５０万円を超えた。１か月後にはリフォーム

浸水被害を受けた「どりーむず」

復旧作業に各地から支援が

工事も始まった。2月の重デイネットの全国大会では、笠間も「台風19号による被害を受けて」と題して講演する予定だ。笠間らは被災からたくましく学び、ここでもピンチをチャンスにしようとしている。

3 初めての給料日

社会福祉法人「ふれ愛名古屋」が運営する重度障害者の生活介護「ｓａｔｓｕｋｉ」では、利用者も仕事に取り組んでいる。どんなに重い障害があっても、大人になれば当たり前に働いて収入を得てほしいと思うからだ。

どんな仕事ができるのか、楽しく幸せにつながる仕事にはどんなものがあるのかと、仕事の内容を決めるだけでもかなりの時間がかかったという。その結果、パンづくりをすることになった。

実際には主にスタッフがつくることになるが、何らかの形で重症者本人も関わった。もちろん外部には売れない。事業所内でスタッフらが協力して購入した。その売上もわずかな金額だった。

2年続けた2018年の年末、初めて1000円ずつの給料を支給することができた。「給料袋」と書いた袋に入れ、鈴木が利用者に1人ずつ手わたした。鈴木はインターネットに投稿して次のように書いた。

「自分が働いて始めてもらった給料です。全員とても誇らしそうに、嬉しそうに貰ってくれました。渡していても、この投稿を書いていても嬉しくて涙が出てしまいます」

これは鈴木にとって、これまでで一番うれしかったことの一つだという。その鈴木のもとへ母親もやって来て、涙を流した。

「このお金は使えません。動けないし、仕事なんてできないと思っていました。でもちょっとでも取り組んでもらって、ありがとうございます」

パンづくりはその後も続いている。

4 重症児が大切にされる社会に

「お母さんたちと話すと、最後には『やっぱりマザーテレサだよね』という話に落ち着くことがよくあります。

私たちの原点は子どもたちへの愛ですが、子どもたちを支援しながら、実は自分たちの心が癒されているのだと思います。この子たちは、ちょっと重い障害があるけれども普通の子です。この子たちが大切にされる世の中にしていきたいと思います。

実際、重デイネットとしていろいろな意見を出すと、厚生労働省にも受け止められました。いえば変わると実感できたのもうれしいことです。これからも要望していきたいと思います。

そしてお母さんたちにぜひ、『この子がいたから幸せだった』と心からいってもらえるようにしたいと思っています」

と、鈴木はしみじみと話を締めくくった。

PROFILE

●鈴木　由夫（すずき　よしお）

1951年愛知県生まれ。1971年学生運動で大学放校処分。同年に広告代理店に就職、1974年求人広告出版社（学生援護会）を経て、1984年ダイレクトマーケティングコンサルティング日本通販企画に入社。1986年自営業コンサルタントとして独立、1989年に株式会社に改組。2000年同社倒産。自身も自己破産。2000年東海豪雨を経験し災害ボランティアとして活動。

2002年重症心身障がい者支援施設愛美の会に入職。2005年同会を退職し、2008年からNPO法人ふれ愛名古屋設立準備活動、2010年NPO法人ふれ愛名古屋設立、理事長。2017年社会福祉法人ふれ愛名古屋設立、理事長に就任。2014年一般社団法人全国重症児者デイサービス・ネットワーク設立、代表理事に就任。

●一般社団法人 全国重症児者デイサービス・ネットワーク

（ぜんこくじゅうしょうじでいさーびす・ねっとわーく〔略称：重デイネット〕）
〒455-0008　愛知県名古屋市港区九番町４丁目6番１
Tel：052-661-1811　Fax：052-661-1822　http://www.jyuday.net/
事務局：社会福祉法人ふれ愛名古屋

●執筆・協力・情報提供（登場順）

宮本　佳江（NPO法人ソルウェイズ）
紺野　昌代（一般社団法人weighty）
福満美穂子（NPO法人なかのドリーム）
細川　由貴（NPO法人TSUBAME）
山崎　理恵（NPO法人みらい予想図）
上野多加子（NPO法人まいゆめ）
NPO法人はぁもにぃ永平寺
神谷　真弓（一般社団法人からふる乙訓）
松尾由理江（NPO法人ガブリエル）
和田　朋子（NPO法人障害児フォーラムかごしま）
笠間　真紀（NPO法人ままはーと）

＊取材・執筆協力／小國文男

なければ創ればいい！
重症児デイからはじめよう！

2020年3月20日　初版発行

編著者●ⓒ鈴木由夫
一般社団法人全国重症児者デイサービス・ネットワーク
発行者●田島英二　info@creates-k.co.jp
発行所●株式会社 クリエイツかもがわ
〒601-8382 京都市南区吉祥院石原上川原町21
電話 075(661)5741　FAX 075(693)6605
http://www.creates-k.co.jp
郵便振替　00990-7-150584
デザイン●菅田　亮
印 刷 所●モリモト印刷株式会社
ISBN978-4-86342-284-1 C0036　printed in japan